CB138775

CRISES, PASSAGENS E SUAS NARRATIVAS

Maria Madalena Magnabosco

Maria Madalena Magnabosco

CRISES, PASSAGENS E SUAS NARRATIVAS

Artesã

Crises, passagens e suas narrativas

Copyright © 2023 Artesã Editora

É proibida a duplicação ou reprodução deste volume, no todo ou em parte, sob quaisquer formas ou por quaisquer meios (eletrônico, mecânico, gravação, fotocópia, distribuição na Web e outros), sem permissão expressa da Editora.

DIRETOR
Alcebino Santana

COORDENAÇÃO EDITORIAL
Michelle Guimaraes El Aouar

REVISÃO
Silvia Barbosa

CAPA
Michelle Guimaraes El Aouar

DESIGNER
Letícia Ribeiro Ianhez

PROJETO GRÁFICO E DIAGRAMAÇÃO
Letícia Ribeiro Ianhez

M196 Magnabosco, Maria Madalena.
Crises, passagens e suas narrativas / Maria Madalena Magnabosco. – Belo Horizonte : Artesã, 2023.
116 p. ; 23 cm.
ISBN: 978-85-7074-080-9

1. Psicologia clínica. 2. Crise emocional. 3. Saúde mental.
4. Psicoterapia. 5. Fenomenologia existencial. I. Título.

CDU 159.9

Catalogação: Aline M. Sima CRB-6/2645

IMPRESSO NO BRASIL
Printed in Brazil

(31)2511-2040 (31)99403-2227
www.artesaeditora.com.br
Rua Rio Pomba 455, Carlos Prates – Cep: 30720-290 | Belo Horizonte – MG
/artesaeditora

SUMÁRIO

A todos nós:
Seres passantes.

APRESENTAÇÃO

Difícil imaginar momento mais propício para a chegada desta obra. Propício por estarmos atravessando uma multiplicidade de crises. Crise política e ética, com rompimento de laços e polarizações cegas. Crise econômica que joga milhares em situação de miséria e marginalidade. Crise ambiental, conflito armado internacional e emergência sanitária global, que colocam em risco a sobrevivência do planeta e da espécie humana. Esta última nos colocou a todos, e em especial os profissionais da área da saúde, de forma brutal face às tragédias alheias e às próprias. Tantas crises acabam por produzir exilados de toda sorte.

"*Crises, passagens e suas narrativas*" chega ainda às vésperas de se completarem dez anos do lançamento da quinta edição do *Diagnostic and statistical manual of mental disorders* (DSM), apontada por alguns como a mais "inclusiva" edição do manual diagnóstico da associação psiquiátrica norte-americana. À semelhança do alienista machadiano, esta edição do já questionado – apesar de mundialmente adotado – manual propôs ampliação das categorias de transtornos mentais, de forma a acabar por incluir como patológicos uma miríade de comportamentos humanos. E é nesse momento em que a reflexão e a abordagem propostas por Madalena Magnabosco no presente livro se revestem de especial importância.

A autora propõe uma concepção de crise, sim, como sinal de ruptura, mas também como possibilidade de abertura, ressignificação, reflexão e reconstrução. A crise como algo possivelmente transitório e não necessariamente definidor de uma cisma e um curso patológicos. Sob uma óptica sociopoliticocultural, chama atenção ainda a possibilidade de que estas passagens exponham o que há de opressão e incapacidade de acolhimento de denúncias das normas hegemônicas, do pré-estabelecido e do pré-concebido.

Numa articulação clínico-literária, ela permite pensar a dissociação (Transtorno dissociativo) como paradigma da vivência de exílio de/em seu próprio corpo e com as vivências do *eu* em seus elementos de afastamento e estranhamento de si e do mundo tal como se conhecia. Ao mesmo tempo, podemos pensar o exílio como metáfora do adoecimento psíquico, e também como correlato dessa mesma condição de angústia, sensação de falta de pertencimento, desrealização e despersonalização, deslocamento e destacamento no mundo e do mundo.

Contudo, a proposta da autora vai muito além de questionarmos ou repensarmos categorias diagnósticas, mas de admitirmos a possibilidade de que essas categorias não deem conta da complexidade do viver humano. Sem promover uma "defesa do subjetivismo", propõe um novo olhar ampliado sobre crises e movimentos de fronteira.

A autora tece, nos cinco mo(vi)mentos do livro, um arco do ser exilado desde as visceralidades primeiro sentidas e não articuláveis pela linguagem, passando por seus desenvolvimentos e maturações e pela possibilidade de se readquirir algum aterramento através da escrita e de novas identificações.

Admitindo que "o momento e a enfermidade são solitários", mas sem que isso determine uma impossibilidade de acolhimento, e sustentando a possibilidade de não se saber nomear, propõe o "rompimento com uma linguagem mimética para se ir ao encontro a uma outra coisa, imprecisa e caleidoscópica".

A presente obra faz um convite aos profissionais da saúde (em especial àqueles da área *psi*) e também a todos que se interessam pela alteridade a suportar e acolher com respeito e cuidado, sem receio do inaudito, as situações de crise desconfiguradas. Serenidade e equanimidade frente ao caos, já que desse estado de espírito pode vir justamente o tipo de acolhimento de que o exilado mais necessita e que propiciará, se possível for, a simbolização e significação pessoal (para ambos, paciente e cuidador) para a vivência traumática. Dar espaço à possibilidade de "restauração da criação desse vínculo sociopolítico-afetivo", evitando-se assim a "violência psicológica institucionalizada" pela "palavra que oprime".

Madalena empresta sua voz suave àqueles que ainda não a têm e àqueles que dela foram e continuam sendo privados. Aborda de maneira sensível, delicada e ao mesmo tempo crua a (não) situação do exilado articulando literatura e clínica psicoterápica, paixão e profissão, bagagem sem ser fardo. Exorta-nos a fazer uma prática *psi* não como instrumento patologizante e encarcerador de significados, mas como suporte para os momentos de passagem até que um novo léxico próprio possa dar conta de simbolizar a infinidade de experiências humanas.

Filipi Leles da Costa Dias
Médico psiquiatra
Membro titular da Associação Brasileira de Psiquiatria,
com certificado de atuação em Psicogeriatria pela mesma instituição
Doutor e Mestre em Ciências da Saúde pela UFMG

INTRODUÇÃO

Pensar a coexistência em tempos de grandes transformações nas relações humanas nos provoca uma reflexão sobre o significado das crises e passagens em nossas histórias.

É comum considerarmos a crise como algo mal e ruim, pois a tomamos como pessoal e não como uma descontinuidade inerente à vida (BOFF, 2011). Sem dúvidas, essa descontinuidade nos desacomoda de arranjos existenciais já estabelecidos em sentidos através dos quais nos reconhecemos, como também reconhecemos o mundo. Entretanto, esse desacomodar é um convite a revisitar tais arranjos e sentidos para uma nova intencionalidade de consciência que permita transcendências.

O objetivo deste livro é refletir sobre como coexistir em tempos de crises, ou seja, como ressignificar e sustentar valores que permitam uma contínua humanização do homem com o mundo, de modo a não permanecermos no uso de antigas linguagens sobre o ser de passagem. Em outras palavras, como narrar o movimento da desconstrução necessária à abertura sem nos determos em diagnósticos fixos, em crenças enrijecidas, em pensamentos já pensados, os quais nos retiram a possibilidade de recebermos o novo que nos visita.

Toda crise e seus movimentos de passagens nos colocam em uma suspensão de significados que antes nos referenciavam sobre nosso modo de ser no mundo. Nesses momentos, passamos por situações e contextos de susto e medo, dada a percepção da falibilidade do mundo que nos coloca em contato com nossa precariedade humana. Essa precariedade, na organização de uma cultura da positividade, do resultado e da felicidade, é interpretada como falência, fracasso e ausência de perspectivas. Com este sentido, a precariedade se distancia de seu significado maior que é o movimento descendente para abrir novos espaços e outras co-criações. A vulnerabilidade presente na precariedade nos relembra interdependências relacionais, fundamento de uma ontologia do Ser.

É bem verdade que, nesta cultura positiva e de produção contínua, diante da precariedade entramos em medo e, frente a ele, lançamos mão de referências de outros tempos, de outras experiências, para tentarmos nos segurar, isto é, para não entrarmos na angústia do precário não saber e da consequente necessidade das interrelações humanas para trocas e novas construções de sentido.

Como não temos o aprendizado da impermanência do tempo, é difícil e doloroso vivenciar precariedades necessárias às reconstruções de coexistências pautadas em outros valores. Assim, uma crise que nos coloque diante da precariedade é um convite à construção de novas narrativas a partir de paradigmas e intencionalidades diversas das que estávamos habituados a coexistir.

Nesses momentos de passagem, como acolher essa condição constituinte do humano sem desvirtuá-la em nomes fixos de diagnósticos, de doenças e de desesperanças, por mais que tenhamos estados alterados de consciência e seus consequentes sintomas?

Para uma nova compreensão desses momentos, necessitamos da clareza da concepção de homem que intenciona nossas consciências. Quando falamos de concepção de homem, tocamos o ponto de partida que organiza nossa coexistência. Existimos com o outro e o mundo? Somos e nos sentimos pertencendo à uma comunidade humana? Percebemo-nos como seres interrelacionais para a construção de novos valores e sentidos?

Esse ponto de partida é importante, pois, em passagens, necessitamos de suportes para revisitarmos crenças e transformarmos sentidos que orientavam nossos arranjos existenciais (LANGLE, 2005). Se partimos de uma concepção de homem como um indivíduo, atravessarmos momentos de crise é aterrorizante, pois a crise é vivida como problema meramente pessoal e não como necessidade de repensar as relações com o co-mundo.

Tomada como problema intrínseco da pessoa, não existe um distanciamento para percebê-lo, e a pessoa fica na paralisação por crer ser o problema. Nesses momentos, sem um movimento psicoemocional espiritual, ou seja, sem uma reflexão sobre o que nos afeta, como nos afeta e quais destinações possíveis podemos dar ao problema, ele nos toma e a precariedade para a abertura é vivida como fracasso e adoecimento.

Nesses movimentos, a pessoa se perde em definições de linguagens antigas das concepções de indivíduo e de significados fixos na cultura hegemônica, perdendo a possibilidade da reflexão, do distanciamento para ver o problema que se coloca, de uma nova conjunção dos fatos para outras projeções no tempo do coexistir. Assim, sua narrativa será uma constante repetição de substantivos que apenas a encerram em isolamentos onde não existe a possibilidade de troca e de espaços-tempos para novos inícios.

Acontecem as velhas definições de responsabilização dos outros, sejam pais, amigos, parceiros etc. em que a vitimização e dualidade entre bem e mal prevalecem e fixam a permanência no medo e no desejo de justiça.

Tanto o medo como o desejo de justiça fazem parte, nesse contexto, de uma lógica que desconsidera a possibilidade de coexistir a partir de outros paradigmas, pois o objetivo é eliminar um inimigo, e não co-responder a partir de novas percepções e alianças.

Na lógica do medo que leva à busca de justiça não há comunhão, pois a pessoa ainda está no paradigma do indivíduo, e não de uma existência em que somos nossos modos de relacionar no e com o tempo.

A lógica da justiça desconsidera o tempo trabalhando apenas no imediatismo das reações, imediatismo este que nos desvela a ausência de liberdade da pessoa para responder com (POMPÉIA, 2011). Em outras palavras, as relações formadas a partir dos significados vividos não são refletidas, pois a questão é colocada como indivíduo *versus* indivíduo, o que impede o refletir sobre nossa condição de coexistentes no mundo.

Neste sentido, pensando a partir de uma realidade brasileira, desvelou-se, na pandemia – por ainda nos posicionamos meramente como indivíduos que buscam justiça com as próprias mãos –, a presença da exclusão do outro, o discurso de ódio, as discriminações e preconceitos em relação àqueles que não participam das narrativas hegemônicas de uma cultura neoliberal.

Esse individualismo que leva ao movimento do ser "empresário de si" (CHAUÍ, 2000) colocou a todos nós no medo e nos discursos vazios de enfrentamentos de inimigos, no âmbito das relações familiares, de casal, de amizades e sociopolíticas-culturais.

Como resultado, na atividade clínica, assistimos um número sem precedentes de separações de casal, de famílias, de parcerias, de disputas necrófilas na política e economia, por um posicionamento radical de indivíduos em busca de justiça, em que realizá-la implica na eliminação do outro. Vimos e sentimos na pele, diante deste modo de nos concebermos, a desconsideração para com a coexistência e a relação com o co-mundo, as quais são notadamente expressas em sintomas pela pobreza de uma linguagem simbólica que permita uma compreensão de movimentos de passagens.

Em todo o processo pandêmico e suas crises tivemos e ainda temos a oportunidade de percebermos que os movimentos de exclusões se deram por uma não compreensão do Ser. Não compreender Ser e sentido é vivenciar o exílio, a perda da casa/corpo que nos oferece serenidade, suporte e pertença ao co-mundo.

Como narrarmos e compreendermos Ser, principalmente em momentos de passagens, sem cairmos nessa concepção individualista?

Como lidarmos com a coexistência nos momentos em que temporariamente existe uma perda da casa que habitamos e dos sentidos que nos oferecem descanso e compreensão?

A partir das perguntas anteriores, a reflexão deste livro objetiva elucidar as vivencias de crises e passagens através de uma intertextualidade literária com vivências de exílio.

Situando, existem diversos tipos de exílio, a saber: exílio político, físico (entre regiões, urbano/rural), civil (entre identidades e direitos civis), existencial (dos sentidos e falta deles) etc., mas, em todos eles – apesar de suas nuances situacionais e contextuais –, um dos elementos de semelhança é a vivência de sentir-se fora de casa, do habitual com o qual nos identificávamos.

Mesmo buscando o aporte teórico e testemunhal do exílio, em textos de pessoas que passaram por essa experiência civil e política, o objetivo principal é o estudo da dimensão do processo-movimento das desconstruções e reconstruções de uma subjetividade em passagem ou em crise de suas referências sobre o ser (enquanto existência, civilidade, afetividade e as redes relacionais com o social, o político, a cultura e a psique).

Recorro às dialogias com as teorias literárias e dos estudos culturais para falar de vivências caladas pelo senso comum e reduzidas quanto aos motivos de sua existência, ou seja, sobre uma vivência de não ser, de perda das referências pessoais, de passagens entre o legitimado e o não legitimado, de transbordamento dos limites semânticos, dos excessos onde a gramática e todos os pronomes não sustentam uma significação.

Desejo falar do que ainda não é textualizado por uma lógica explicativa racional do que vem a ser saúde e doença. Desejo falar de um corpo que vivencia e memoriza o vivenciado através de emoções estranhas que assaltam toda uma racionalidade construída sobre o ser e suas passagens em perplexidades e estranhamentos. Desejo questionar as teorias psicológicas e como estas escrevem sobre subjetividades que vivenciam os processos de mudanças do humano apenas pelo ponto de partida do adoecimento.

Esse questionamento acontecerá ao se filiar a vivência do exílio como metáfora dos processos de mudanças e seus questionamentos existenciais, em que passamos por diversas instabilidades biopsicoemocionais e espirituais, as quais não necessariamente são patologias fixas.

Para quem está habituado a certos pensamentos, leituras, pontos de partida e, seja por hábito ou temor, se acomodou a esse ponto, soa estranho e fora de propósito essa forma de perceber os processos de mudanças humanas.

O que desejo é propiciar alguns questionamentos para que haja o incômodo necessário aos especialistas em saúde de desacomodaram-se de suas posições, pensamentos e leituras e arriscarem entrar no dentro-fora de um processo que é pleno movimento/contradição/encontro-desencontro/mudez e silêncio, enfim, ambiguidades.

Desejo tentar tocar, como nos coloca Rilke (1995), "(...) onde nenhuma palavra ainda pisou".

Para tanto, trabalharei com os conceitos de memória corporificada e reconstrução da subjetividade a partir de outros centros de consciência, ou seja, a visceralidade das vivências em contraposição a uma racionalidade habituada à terceira pessoa e com graves desconsiderações à primeira pessoa.

A terceira pessoa implica em uma impessoalidade, no sentido de uma universalização dos fenômenos, em que o sujeito da vivência é circunscrito a determinados papéis interpretados a partir uma perspectiva hegemônica.

A primeira pessoa refere-se à experiência pré-reflexiva dos próprios estados emocionais e corporais (memória corporificada). São sentimentos "crus", pura experiência, subjetividade ainda sem objetividade literária e textual. Vive-se um sentimento de imersão no mundo circundante. Nas palavras de Merleau-Ponty (1945), isso é Presença: sujeito e objeto são dois momentos abstratos de uma única estrutura que é a Presença.

Em outras palavras, é a memória corporificada, presença obrigatória para reconstrução e ressignificação de qualquer subjetividade e de qualquer reflexividade e narrativa.

Anteriormente foi dito que essa reflexão se fará com os testemunhos publicados sobre o exílio por eles apresentarem um sujeito narrativo, o qual refletiu e utilizou da linguagem como processo de expressão da vivência, como tentativa de comunicação e reorganização dos conteúdos emocionais que o transformaram.

O testemunho sobre o exílio é uma metáfora de transformação mais aproximada da perspectiva fenomenológica existencial e menos patologizada, utilizada para tentar falar do sujeito experiencial, ou seja, daquele que não está aquém, além ou em oposição à experiência. Ele apenas está em completo estado de perplexidade, o que o torna não proposital e não conceitual, mas uma afecção em si.

Por isso ele incomoda, desconcerta por estar sendo a expressão do "não lugar". Por isso ele dificilmente encontra ouvidos que o ouça, pois a escuta, nesse contexto, precisa ser desinstitucionalizada por estarmos transitando no terreno das alterações de consciência, das desconstruções de conceitos já tão viciados e aceitos por nossas comunidades acadêmicas, médicas e farmacêuticas, produtoras de um conhecimento sobre os temas da memória e da subjetividade nos momentos de crises e passagens.

Nesse contexto, um exilado e uma pessoa em processo de mudanças fisiopsicoemocionais vivenciam experiências semelhantes de alterações de consciência, de visceralidade, de não proposicionalidade, de perda de referências normativas, de uma linguagem que não sustenta os significados que transbordam da experiência. Ambos estão em passagem, no dentro-fora de todo processo re-construtivo da subjetividade.

Para compreendermos o objetivo dessa reflexão é necessário nos soltarmos de nossas amarras intelectuais para nela adentrarmos como sujeito da experiência. Sem a anterioridade da experiência não há reflexividade nem teorização ou mesmo narrativa da mesma.

Conforme Varela e Shear (1999, p. 4),

> (...) aceitar a experiência como um domínio a ser explorado é aceitar a evidência de que a vida e a mente incluem uma dimensão na primeira pessoa que é marca registrada de nossa existência. Privar nosso exame científico deste campo fenomênico significa amputar a vida humana dos seus mais íntimos domínios ou negar acesso científico a eles.

É pela experiência testemunhal que teço os pontos comuns dessas vivências aparentemente tão díspares e incompreensíveis para aqueles que não desejam desacomodar escutas tão objetivadas sobre os processos de reconstruções das subjetividades a partir das crises, dos traumas e de um confinamento corporal dado por leituras reducionistas sobre o transbordamento da experiência.

Novamente, o testemunho sobre o exílio é um cinzel que busquei para delinear outros contornos, outras formas de pensar a experiência que se manifesta por outros sentidos, pensamentos, olhares e ainda tartamudeia em sua comunicação com os demais. Tartamudear não é incomunicabilidade. É apenas diferença, desejo de tornar-se símbolo e ressignificar para encontrar ressonâncias e semelhanças.

Os capítulos dessa reflexão foram subdivididos a partir das vivências básicas de qualquer processo-movimento de passagens/exílios, a saber: enfermidade; memória-saber e memória-corporificada; a escrita; ecos e violência; e violência psicológica.

Em cada um dos capítulos são descritas vivências da pessoa quando em situações e contextos que extrapolam todo léxico e toda gramática, toda significação já dada e conhecida para a realização de leituras sobre uma realidade vivida.

Realizadas as interfaces textuais com os testemunhos sobre o exílio e suas vivências, o último capítulo, sobre a violência psicológica, fala da sutileza dos descentramentos provocados por Narcisos, por pessoas plenas que interditam qualquer reflexo, qualquer proximidade e ressonância para com aqueles que são considerados ecos, isto é, pessoas que apenas repetem as últimas palavras e estão fora de seu lugar.

Pergunto: seriam pessoas que apenas repetem as últimas palavras ou são os ouvidos narcísicos que se recusam a ouvir a inteireza da experiência nova?

Nesse capítulo, acontece a articulação das vivências do exílio, nas quais as pessoas se sentem descentrados ao serem interditadas pela linguagem médica, psicológica, cultural, social, ao serem descritas como enfermos que não sabem o que fazem e não sabem quem são.

A violência psicológica acontece pelo fato de se reduzir a leitura das vivências a uma identidade única e acabada, a ignorâncias, rebeldias, desesperos, excessos que devem ser cortados por uma linguagem que designa, onde ela deveria apenas silenciar, pois ainda não é hora de nomear, designar e prescrever pronomes, proposições e lugares predicativos.

Esses são os pontos em comum das vivências sobre as quais busco refletir e que se elucidam pelas palavras, respectivamente, de Brecht (apud KONDER, 1996, p. 35) e de Said (2003, p. 47):

> Brecht se dava conta de que o exilado é sempre um ser que incomoda. Com sua simples presença, mesmo sem agir ou falar, o exilado torna visível um problema grave, uma situação desagradável que as pessoas não têm nenhum prazer em enxergar.
> Além de estrangeiro, "diferente", o exilado é um derrotado e como tal carece daquela espécie de beleza que costuma ser apanágio dos vitoriosos.

> Na escala do século XX, o exílio não é compreensível nem do ponto de vista estético, nem do ponto de vista humanista: na melhor das hipóteses, a literatura sobre o exílio objetiva uma angústia e uma condição que a maioria das pessoas raramente experimenta em primeira mão; mas pensar que o exílio é benéfico para essa literatura é banalizar suas mutilações, as perdas que inflige aos que as sofrem, a mudez com que responde a qualquer tentativa de compreendê-lo como "bom para nós". Não é verdade que as visões do exílio na literatura e na religião obscurecem o que é realmente horrível? Que o exílio é irremediavelmente secular e insuportavelmente histórico, que é produzido por seres humanos para outros seres humanos e que, tal como a morte, mas sem sua última misericórdia, arrancou milhões de pessoas do sustento da tradição, da família e da geografia?
> Ver um poeta no exílio – ao contrário de ler a poesia do exílio – é ver as antinomias do exílio encarnadas e suportadas com uma intensidade sem par.

A partir das citações podemos observar as semelhanças das vivências de passagem, as quais colocam o sujeito da experiência em uma liminaridade.

Segundo Van Gennep (1909 apud DA MATTA) a liminaridade é especial porque engendra uma ambiguidade classificatória (o legalizado e o não legalizado; o pleno e o vazio; o dentro e o fora). Assim sendo, a pessoa transita entre tempos-espaços descontínuos, os quais, em contextos legitimados, são habitualmente tratados, na maioria das vezes apenas como desvio, desordem de personalidade, rebeldia, loucura etc.

Ainda nas palavras de Roberto da Matta (2000, p. 9):

> (...) um traço distintivo da liminaridade é a segregação de uma pessoa (ou de uma categoria de pessoas, tratadas como corporação social ou mística) dos seus laços sociais imperativos, liberando-a temporariamente das suas obrigações de família, linhagem, clã ou aldeia, o que a transforma temporariamente em indivíduo fora-do-mundo. Em gente sem laços sociais que permitam sua classificação social cabal e definam, assim, suas obrigações para com a sociedade. É precisamente essa "desclassificação" constituída pela rejeição do mundo que possibilita a constituição de uma sociabilidade inusitada e distinta, criando novas experiências fundadas em uma "liberdade" que se nutre da experiência da individualização.

Esse fora-do-mundo – apesar de se estar nele por sermos no mundo – e a "desclassificação" são os aspectos que, embora contraditórios, possibilitam outras sínteses a partir dos novos posicionamentos que a experiência irá possibilitar à pessoa.

Essa é a vivência de exílio, das crises e passagens, ou seja, esse dentro-fora que aturde, que desclassifica, angustia, desordena, mas possibilita outros olhares e outros fazeres do sujeito que vivencia, caso ele encontre suportes externos que favoreçam novas reflexões.

Esse foi o recorte escolhido e o modo de sua apresentação serve para repensarmos a subjetividade humana em situações-limites. Por isso recorri à dialogia com a Literatura e suas metáforas testemunhais para dar o suporte estético aos temas de estudo em questão, ou seja, as crises, passagens e os traumas corporais vivenciados.

ABERTURA

(...) é preciso olear o espírito, olear o ser. É preciso também pensar com o corpo, deixar o corpo falar, pobre corpo, é preciso sair de dentro do porta-moedas e entrar na associação, no delírio, na sujidade... na acoplagem, acoplagem de elementos ao nosso corpo, acoplagem de sentidos ao nosso corpo, ou acoplagem de objetos e sentidos entre si, é preciso entrar na transformação, na poesia, no êxtase, na contemplação, na calma, nos sentidos do corpo, no corpo, em visões, no espanto, no assombro, no gozo, no inconsciente, na perda, no esvaziamento, no desprendimento, na queda, é preciso tirar os sapatos, é preciso deitarmo-nos no chão, é preciso entrarmos na imaginação, nas histórias, nos pensamentos, nas palavras, no humor, nas palavras, no humor, nos pensamentos, na relação com os outros. (MANTERO, 1998)

PRENÚNCIOS

TRAUMA E CONFINAMENTO CORPORAL[1]
A INVISIBILIDADE DO CORPO VIVIDO NAS FRONTEIRAS E PASSAGENS

O objetivo desta reflexão é articular a memória arquivo e a memória corporal como epistemes das situações de fronteiras ou de corpos de passagem nas (re)construções da subjetividade. Situações essas consideradas traumáticas por serem presentações que não se representam, por ainda estarem em estados embrionários, os quais serão possíveis geradores de símbolos que possam, posteriormente, comunicar significados.

1 O conceito de trauma advém dos estudos psicológicos e tem aqui o significado de um desamparo físico e psíquico (situações de vulnerabilidade) em que existem situações de perigo real e/ou antecipado. O trauma é sempre cumulativo pela não mencionada história de conflitos. Por ser não mencionada e desconhecida, a tentativa de comunicar um acontecimento que ninguém se preocupa em saber precisa ser repetida. Parte da reiteração vem da natureza traumática da ferida.
Já os corpos confinados são corpos que tiveram interdições sociopolítico-afetivas e não puderam se tornar corpos de passagens, ou seja, não puderam integrar experiências vividas, as quais ficam fragmentadas no sujeito gerando uma consciência cindida como na "sentinela-zumbi", isto é, a consciência fica à mercê de fragmentos e pela confusão gerada não consegue problematizar uma realidade.

Comunicar significados, não para se formalizar uma disciplina e/ou método sobre como acontece o processo da memória corporal quando no emergir da situação, da vivência e conhecimento de passagens e fronteiras e como, a partir desse momento, se pode criar outras subjetividades, sem que essas sejam interpretadas através dos critérios da doença, da anormalidade, loucura, da diferença como preconceito e discriminação é o ponto culminante pretendido pela reflexão.

Para tanto, busco diferenciar os processos psicológicos que acontecem nesses momentos socioculturais e emocionais, nos quais o sujeito vivencia e se depara com situações de fronteiras e passagens. Tais situações devem considerar os momentos de passagens e fronteiras como psicossociais, ou como alternativas diferenciadas e até fragmentadas de se criar, ou mesmo buscar se inserir em outros espaços sociais e linguagem que não somente a reconhecida pelo institucionalizado e hegemônico.

Esse movimento situacional e contextualizado sócio-histórica e culturalmente vem sendo uma tentativa de trazer outras formas de subjetividade para o público, para o espaço social já conhecido. Essas são, por exemplo, as tentativas dos gêneros literários das biografias, memórias, diários, testemunhos, ou seja, tornar público pela ruptura das fronteiras e revelação da interligação privado-público, as memórias corporais, o saber experienciado, de modo a abrir espaço para o que não é ainda reconhecido por um público habituado a leituras do que já é, ou seja, do saber institucionalizado.

Para tanto, há de se desmistificar as passagens e suas outras linguagens e performances[2] corporais como se fossem doenças,

---

2 O conceito de performance utilizado nesta reflexão tem origem em Diana Taylor (2003): "Performance, término derivado *de la palabra* francesa

anormalidades e desvios, bem como também uma literatura de pequeno porte.

Assim sendo, pergunto:

Quais estéticas e formas de sensibilidades poderiam compreender esses novos movimentos sociais de fronteiras e de corpos em passagens?

Quais epistemes melhor se aplicam nesses momentos para outras leituras desses movimentos?

Que social é esse que resiste e insiste a ser reconhecido por essas passagens e suas memórias corporais? O que essa nova performance social das passagens quer dizer que não está sendo ouvido?

Por exemplo, pode-se associar as transformações corporais de pessoas trans, as vivências da homossexualidade, a escolha de mulheres pelo divórcio e suas buscas por outros estilos de vida, com as situações de exílio, pois, em todas essas circunstâncias, as

---

"*parfournir*" significa realizar o completar un proceso. (...) Por performance se entiende lo restaurado, lo (re)iterado, lo que Richard Schechner llama *twice behaved behavior* – 'repertorio reiterado de condutas repetidas'. Crea un espacio privilegiado para el entendimiento de trauma y memoria. Traum, y sus efectos "pos-traumaticos" siguen manifestandose corporalmente mucho después de que haya pasado el golpe original. Trauma regresa, se repite en forma de comportamientos y experiencias involuntarias. Aunque, performance no es una (re)acción involuntária, lo que comparte con el trauma es que también se caracteriza como lo re-iterado. Performance (igual que memoria, igual que trauma) es siempre una experiencia en el presente. Opera en ambos los sentidos – como un transmisor de la memoria traumatica, y a la vez su re-escenificación. Performance se apoya siempre en un contexto especifico para su significación y funciona como un sistema histórico y culturalmente codificado. Las imagines articuladas adquieren su sentido sólo en un contexto cultural y discursivo específico. Actúan en la transmisión de una memória social – extrayendo o transformando imágines culturales comunes de un "archivio coletivo". Las estrategias del performance poseen su historia y también se van transformando."

experiências e seus saberes corporais acontecem em uma mistura de papéis sociais e identidades.

Nesses momentos de intensa contradição de papéis e lugares sociais, de maturidade psicofísico emocional, pessoas em exílio se revelam pelo avesso das imagens pessoais e sociais que construíram de si ao longo de sua história de vida. Elas passam a ser a própria corporificação do "não lugar", "do que ainda não é", "da androginia", nomenclaturas da alteridade que ainda são concebidas e interpretadas como anomalias, doenças e desvios.

Entretanto, nesse revelar tumultuado, tenso e extremamente novo das passagens, o que insiste em se expressar para esse sociocultural hegemônico, institucionalizado?

Nesse tumulto do "não lugar" – frente à normalidade dos comportamentos e identidades já estabelecidas –, não existirá uma linguagem que ainda não compreendemos e que preferimos denominar por velhos termos diante da ameaça que sentimos de nos desconhecermos em nossos lugares e saberes já tão demarcados?

Não seriam as passagens uma crítica política e social ao que ainda reina soberano sobre corpos e subjetividades?

As transformações psicológicas que ocorrem nesses momentos de misturas e transgressões sociopolítico afetivas não seriam novas formas de inserções sociais pedindo passagem e reconhecimento, ainda que de modos exacerbados e radicais, frente ao hegemônico?

Esse movimento dos exageros, das transgressões e misturas é próprio das fronteiras e dos corpos de passagens, pois as pessoas sentem com outros sentidos que não os habituais, pensam com outros parâmetros por estarem em estados alterados de consciência[3] e agem com a visceralidade corporal, a qual assalta e desconcerta uma certa racionalidade habitual de conformidade e normalidade.

Mediante tais argumentações, questiono algumas políticas públicas de inclusão social para pessoas em exílio, pois nelas corre-se o risco de enquadramento ao politicamente correto e as experiências de passagem podem perder seu valor crítico.

Tratar o problema do exílio como uma questão de merecimento pessoal por inconveniências de pessoas que gostam de burlar a ordem, de pessoas que querem "fazer arruaças" por não terem o que fazer, de pessoas que se julgam melhores e superiores a ponto de

---

3 Estados de Consciência: de modo bastante conciso, pode-se definir um Estado de Consciência (EC), como um padrão generalizado de funcionamento psicológico (TART, 1991). A atenção parece desempenhar importante papel no direcionamento do estado de consciência, admitindo ou negando experiências específicas que entram na consciência (DAVIDOFF, 1983).
Estados Modificados de Consciência: em termos gerais, um Estado Modificado de Consciência (EMC), pode ser definido como um estado mental que pode ser subjetivamente reconhecido, por um indivíduo ou por um observador objetivo desse indivíduo, como representando uma diferença no funcionamento psicológico daquele estado "normal", alerta e desperto do indivíduo (KRIPPNER, 1993). No entanto, é de realçar que um EMC não é definido por um conteúdo particular da consciência, por um comportamento ou por uma modificação fisiológica, mas em termos do seu padrão total (TART, 1991).
A designação *altered states of consciousness*foi utilizada pela primeira vez por Charles Tart no final dos anos 50 (DROUOT, 1996). O mérito de Tart foi isolar os estados modificados de consciência provocados pelas drogas, alargando o fenómeno da expansão da consciência a um grande número de fenómenos como a meditação, o *Yoga*, os sonhos lúcidos, a auto-hipnose, o transe, os estados de êxtase, as vivências místicas etc. (DESCAMPS, 1997). Contudo, segundo Simões (1997), a expressão Estados Alterados de Consciência (EAC) justifica-se apenas quando existe obnubilação de consciência. Assim, na sua opinião (SIMÕES, 1997), "estados modificados de consciência" é a tradução preferível da designação anglo-saxónica *altered states of consciousness.*

questionarem regras, leis legitimadas e aceitas por uma maioria. Nesses casos, nada melhor que um castigo como forma de levar a pessoa a se "colocar em seu devido lugar" e "saber com quem está falando". Aqui, temos exemplos de diversos latino-americanos que sofreram com o exílio e, que no presente texto será representado através da narrativa de Tununa Mercado (1990), *En estado de memória.*

Esse risco de enquadramento às grandes representações socioculturais pode acontecer se, em ambos os casos, apenas se sair de uma situação estabelecida para outra também estabelecida, mas camuflada pelo politicamente correto da "inclusão social".

Uma coisa é vitalizar o direito à diversidade e às experiências de passagens e fronteiras, outra é ficar arengando carimbos ideológicos do que seria o correto a fazer.

Uma coisa é a compreensão de novas maneiras de lidar com o corpo passagem, outra é ficar vitimizando essa subjetividade passagem como se fosse um desastre social.

Tenho por hipótese que essas experiências se constituem tentativas de outras problematizações, as quais e para as quais nenhum de nós se encontra com arcabouço teórico que contorne esse "algo" que continua escapando à compreensão de nossa racionalidade ocidental hegemônica, e que muitas vezes, damos o nome de invisibilidade.

Pessoas em situações de exílio não estão apenas nessas posições como vítimas, mas como subjetividades que, ao mesmo tempo, denunciam e tentam compreender as questões espinhosas com as quais se defronta a humanidade: uma miséria humana agonizante.

A meu ver, uma das agonias é a morte de uma massificação uniformizada para tempos em que as fragmentações e descontinuidades não podem mais ser percebidas e tratadas como doenças, desajustes e loucuras, mas como novos processos sociais que, apesar de serem germens de novas críticas, ainda vão se fazer ouvir como alteridades visíveis. E, por serem passagens, ainda vão oscilar entre o institucionalizado e o que ainda não tem nome, e não como invisibilidade.

Afinal, que linguagem é essa que as memórias corporais em situações fronteiriças querem enunciar?

Para tentar responder a essas questões, sem cair no radicalismo e sem também regredir para uma teoria canônica que nos acomoda ao já estabelecido, pretendo transitar na tensão dos conceitos, no entre e no subliminar das representações sociais que são utilizadas como metáforas para transmitir os movimentos socioculturais do que vem a ser uma subjetividade em momentos de crises e passagens.

Nessa tentativa de trânsito, recorro à metáfora das sonoridades de um gênio musical que foi surdo – Beethoven –, mas conseguiu compor não só uma melodia, como também uma trajetória extraordinária de luta e regozijo em sua *Nona Sinfonia*.

A música, tal como a literatura, pode ser considerada uma das grandes metáforas de transformações[4], a qual transcende, ou seja, "(...) não busca opor uma coisa à outra (...), não transforma o outro lado do espelho... em uma extensão rutilante (...), sua função é medir a excessiva distância que ela inaugura no âmago do limite e traça a linha lampejante que faz com que o limite se erga". (FOUCAULT apud HALL, 2006, p. 205).

Na *Nona Sinfonia* de Beethoven, essa transcendência se faz anunciar desde as condições físicas do compositor, que transita

---

4 Terminologia utilizada por Stuart Hall (2006) quando de sua homenagem a Allon White.

entre sons e surdez, e os próprios movimentos da sinfonia, os quais mesclam os contraditórios do ser humano diante sua busca pela felicidade, ou seja, a revolta, a luta entre bem e mal, a percepção do homem como podendo construir a si mesmo, e esse mesmo homem se percebendo construído pelo meio, até o regozijo final de se sair das dualidades para se conceber apenas como humano, como constante travessia, tal como nos dizeres de João Guimarães Rosa (1976, p. 568) em *Grande Sertão: Veredas*: "(...) o que existe é homem humano, travessia".

Ao buscar o respaldo metafórico da música e da literatura como forma de transcender conceitos e sonorizar o que muitas vezes não é ainda ouvido, desenvolvi o trabalho em cinco movimentos, tal como na *Nona Sinfonia*. Os primeiros movimentos entram e saem nas dores e contradições de um processo de exílio, a grande metáfora das passagens. Os demais movimentos vão buscar, pela palavra, alternativas para outras sonoridades em um mundo que se tornou surdo para sons dissonantes, ou seja, para aqueles que aparentemente destoam as notas cheias e plenas de uma musicalidade composta apenas por escalas puras, sem as misturas dissonantes.

A escala musical escolhida para desenvolver essa melodia da escrita foi a dialogia da Fenomenologia Existencial com os Estudos Culturais, por eles também estarem nesse processo de contínua tensão construtiva de realidades que têm de ser, ao mesmo tempo, vividas e refletidas em sua simultaneidade e deslocamento de posições. Recorrendo a Stuart Hall (2006, p. 199):

> Se vocês pesquisam sobre a cultura, ou se tentaram fazer pesquisa em outras áreas verdadeiramente importantes e, não obstante, se encontraram reconduzidos à cultura, se acontecer que a cultura lhes arrebate a

> alma, têm de reconhecer que irão sempre trabalhar numa área de deslocamento. Há sempre algo descentrado no meio cultural [*the medium of culture*], na linguagem, na textualidade, na significação; há algo que constantemente escapa e foge à tentativa de ligação, direta e imediata, com outras estruturas. E ainda, simultaneamente, a sombra, a estampa, o vestígio daquelas outras formações, da intertextualidade dos textos em suas posições institucionais, dos textos como fontes de poder, da textualidade como local de representação e de resistência, nenhuma destas questões poderá jamais ser apagada dos estudos culturais.

Assim, trabalharei nos espaços-tempos de vivências de deslocamentos, daquilo que escapa, do ainda invisível, do não explicado, ou excedente. Em outras palavras, refletirei os sintomas e as representações da vida psíquica tão extraordinariamente ritmadas nas escritas e reflexões sobre as sonoridades, ritmos, arritmias, dissonâncias e regozijos presentes não só na experiência do exílio, mas dele e nele como uma das grandes metáforas de transformação das representações culturais do que vem a ser uma subjetividade em transformação e a violência com que é interpretada em suas passagens por aqueles que têm dificuldade em ouvir dissonantes.

EXÍLIO E PASSAGENS

"Que seria de nós sem o auxílio das coisas que ainda não existem?"

(HERÁCLITO)

MOVIMENTO PRIMEIRO

A ENFERMIDADE

Inicio com as palavras de Heráclito como forma de questionar a necessidade de certas racionalidades – ao denominarem o que vem a ser subjetividade "normal" ou comportamentos esperados e politicamente corretos em situações limites e de fronteiras –, de excessos interpretativos e coerências lógicas sobre o sujeito da experiência.

Não pretendo entrar em defesa do subjetivismo em contraposição à objetividade analítica da razão ocidental. Desejo apenas buscar compreender o que acontece nas vivências de passagens, nos movimentos de fronteiras, nos quais corpos desalojados de suas posições anteriores se tornam incômodos, tanto para si próprios como para quem os percebe desde uma posição "normal" ou habitual ao olhar.

Nesse sentido, ao trabalhar com momentos de passagens, com situações fronteiriças, com corpos desalojados, com limites de vivências pessoais e com o modo como cada sujeito se sente afetado por tais vivências, o campo de trabalho escolhido será o das "alterações de percepções e consciências", não cabendo a dicotomia subjetivo–objetivo, mas, antes, a dialogia de ambos (o entre) e o surgimento de novas subjetividades nesses momentos ainda não legitimados pela cultura, pelo social e pelas disciplinas institucionalizadas das especialidades do conhecimento.

Assim, irei trabalhar com o conceito de "Dobra", de Gilles Deleuze, que chegou a chamar a subjetividade de "Dobra do Fora".

> O Fora pode ser concebido como o campo em que pululam as forças na sua velocidade infinita. Imaginemos o conjunto de fluxos que aí deslizam – por exemplo, fluxos de partícula, de som, de imagem, de merda, de esperma, de informação, de signo, de dinheiro, de palavras etc. – e uma inflexão subjetiva, tal como uma dobra num lençol estendido. A subjetividade como uma ondulação do campo, como um encurvamento desacelerado, como uma dobra das forças do Fora, invaginação através da qual se cria um interior. (PELBART, 2000, p. 16)

Por esse ponto de partida conceitual, a subjetividade deixa de contrapor-se à objetividade da razão e se torna coextensiva ao seu coeficiente de indeterminação e às metamorfoses daí advindas. Em outras palavras, é uma subjetividade que aparece em relação íntima com sua exterioridade, com a multiplicidade de singularidades pré-pessoais que a habitam, com as diferenciações que a modificam e que caracterizam os corpos passagens do exílio.

Assim, o que desejo é pensar novas dobras ou desdobras subjetivas ali onde o exílio, a passagem, o "não lugar" é o meio ambiente; onde a noção de lugar, de corpo e até mesmo de encontro se esfumaçam. Se esfumaçam não por uma negação da realidade empírica do mundo, mas pelas forças heterogêneas que, nesse momento, afetam o pensamento-sentimento, arrombam o pensamento para aquilo que ele não pensa ainda, levando-o a pensar-sentir diferentemente, alternadamente.

Por isso a epígrafe do texto, pois desejo tratar nesse viés do que ainda não existe como legitimado e institucionalizado pelos saberes universais, ou seja, pela possibilidade do pensar como um apelo para dobrar diferentemente as forças do fora. Nesse dobrar, desdobrar o já conhecido, nesse redobrar, se encontra a função estratégica e política das novas subjetividades das passagens, pois elas obrigam o desencadeamento de mutações subjetivas.

Não mais olhar essas situações limites, de passagens e exílio como meros lamentos sobre a incomunicabilidade, mas como um novo contexto em que as coisas não se relacionam por encadeamento orgânico, mas por conjunções, formando outro tipo de ajuntamento, com intervalos, fissuras, introduzindo em meio às fendas outras visões, suscitando outras intensidades. Intensidades da vida quando ela experimenta seus limites, quando ela tangencia estados alterados, quando é sacudida por tremores fortes demais, intensidades que transbordam toda forma ou representação, acontecimentos que extrapolam palavras e códigos disponíveis ou o repertório gestual comum, mobilizando linguagens que põem em xeque a língua hegemônica, que reinventem uma vidência e uma audição.

Há nesses momentos, sem dúvida, muita dor e sofrimento, mas também um embate visceral, em que entram em jogo questões primárias da vida e da morte, da razão e desrazão, do corpo e das paixões, da identidade e da diferença, da voz e do silêncio, do poder e da existência. Expressões das passagens, sentimentos do e no exílio, corpos desterritorializados não por fronteiras meramente geográficas, mas por vivências ainda inaudíveis, informes e caóticas, errâncias...

O livro de Tununa Mercado (1990), *En estado de memória*, tece sua escrita sobre esses embates viscerais próprios do exílio e das passagens.

O primeiro capítulo, "La enfermedad", inicia com a passagem de um personagem de nome Cindal que, em um consultório de psiquiatria, implora por um atendimento, mas é tratado com indiferença pela secretária e pelo médico. Ambos não sabiam como manejar esse caso fora de ordem, que implorava por uma internação por estar com uma úlcera. Horas depois, Cindal morreu.

A analogia feita pela narradora com o personagem Cindal vem descrever o desespero sentido quando nesses embates viscerais se busca algum amparo, algum auxílio por parte daqueles que imaginamos poder sanar um pouco da dor pelo conhecimento da enfermidade. No entanto, o momento e a enfermidade são solitários, como solitário é o exílio e suas passagens, em que o corpo se desdobra "(...) con una úlcera en permanente comunicación con su mente, como si ella fuera una sola y misma cosa con el terror que desencadenaba o que desencadenaba. Ulcera y terror venían juntos para Cindal..." (MERCADO, 1990, p. 9).

Ulcerado. Esse é o primeiro momento vivenciado nessas passagens, onde o corpo se torna incômodo para as pessoas e para o próprio sujeito. Nessas horas de dor, de súplica por algum amparo e reconhecimento, o sujeito dessa experiência se dá conta que sua demanda não pode ser atendida e entendida como metáfora de alterações que estão por vir, as quais se constituem em ameaças de morte própria e alheia. O melhor é não incomodar, até mesmo nos locais que se predestinam ao acolhimento desses incômodos, ou seja, os consultórios médicos e psiquiátricos.

> A Cindal, cuyo nombre me viene con regularidade a la memória siempre acentuado en la letra í, y cuyo gesto de doblarse se me reitera en sucesivas evocaciones, se lo dejó morir porque su demanda no podia ser colmada, y porque reclamos de esse tipo no hacen más que oscurecer la vida de los demás y socavar la plenitud a la que todos tienen derecho. Nadie que viva en conformidad, lleno de proyectos y certezas, nadie que reciba constantes gratificaciones puede bajar la guardia y dejar entrar a gente como Cindal, que no apartó una cita, que no reservo ningún pasaje y que llegó tarde a la última franja de la cordura, la que podia ofrecerle un consultório psiquiátrico. (MERCADO, 1990, p. 10)

Essa ulceração do e no corpo de Cindal, com a qual a narradora se identifica e evoca a lembrança em situações similares no exílio, poderia ser considerada como um espaço político dilacerado pelo exercício ilimitado do poder e seus dispositivos pseudo legais referenciados pelo médico e psiquiatra como um caso incurável, como um delírio de autorreferência, como uma auto comiseração própria daqueles que não marcam horário, que aparecem, sem que e nem porque, a requisitar uma atenção dos que se ocupam com grandes projetos e cuidam de grandes casos clínicos e psiquiátricos. É o corpo físico confrontando o corpo político e social e se tornando o lugar onde se inscreve memórias feridas.

A morte de Cindal pode ser uma metáfora para expressar o desejo daqueles que se sentiram incomodados em seus grandes projetos da necessidade de esquecimento desses sujeitos enfermos e suas memórias feridas.

Pelo esquecimento – que aterroriza um corpo em passagem por ser incompreendido em sua nova linguagem –, surge uma fenda, a possibilidade de uma dobra que irá permitir o emergir de nova subjetividade nesses corpos. Tal dobra acontece pela força de negação do exterior com relação ao sujeito que atravessa a ulceração, que sente o rompimento com o que lhe alimentava a alma pela pertença e identificação com pessoas, lugares, valores, língua e imagens. Essa negação oprime e, ao mesmo tempo, abre espaço para esse mesmo sujeito ser, ao menos, tratado como um *caso* clínico.

Nessa posição de ser tratado como um *caso*, ele, ao mesmo tempo, abruma, mas também se abre a uma nova subjetivação, ou seja, tem a possibilidade de iniciar contornos sobre novos limites. Pelo menos ao, inicialmente, ser reconhecido como um *caso* para depois individuar-se pela história de outras memórias. Ele, marginalmente, tem direito a participar do que foi excluído (um tratamento clínico-psiquiátrico) e, por essa participação, mesmo sendo através do reconhecimento de si como um *caso clínico*, ele vislumbra bálsamos para a ulceração inicial.

Essa é a força do exterior se fazendo dobra, produzindo uma invaginação na qual o sujeito se coloca tanto dentro dos ditames legais de uma medicina psiquiátrica e aceita a condição de doente, como também inicia uma outra forma de se olhar, ou seja, resgata uma memória de si como também singular, como não meramente massificado pelo codinome de doente ou enfermo mental. É o dentro-fora coexistindo para o início de novas reflexividades, é o sujeito saindo de grupos e coletividades onde o tratamento é realizado de forma homogênea, para receber alguma condescendência de singularidade, até conseguir por esse dobrar – desdobrar, uma reinserção crítica onde poderá voltar a si como um outro.

> En 1967, siete dias después de la muerte del Che Guevara, que lastimo de modo tan irremediable y fatal nuestras vidas, antes de emprender un viaje a Francia y una larga estadía, el psiquiatra de marras que me contuvo en su grupo durante três años y expelió inmisericorde a Cindal, viendo que yo podia zozobrar en este trajeteo transatlântico, me concedió unas horas individuales en las que no pude decir una sola palabra; sola, sin las muletas del grupo, permaneci callada, no tuve nada que decir a mi analista, ningún inconsciente se manifesto, no conte ningún sueño, y él permaneció también en silencio en esas dos o três sesiones, sin que yo haya sabido por lo tanto cuál era su evaluación de mi estado psíquico, ni si con su silencio me condenaba o me absolvia o si, finalmente, no tenia nada que decirme, pero lo cierto es que viendo que yo quizás no tendría demasiadas fuerzas para sobrevivir a los câmbios que se avecinaban, me dio la dirección de una psiquiatra suiza que hablava español y que había vivido y trabajado em la Argentina; me dijo que él iba a escribirle y yo hasta llegué a imaginar que enviaria um diagnóstico sobre mi; esta suposición de que yo podia tener una existência con *caso* me tranqüilizo: mi salud o mi enfermedad mentales cobraron um carácter singular. (MERCADO, 1990, p. 12-13)

Por este exemplo, podemos perceber esse movimento de dobra em que o exterior força o interior, e este também o força, transformando-o, mesmo que no início seja de modo paliativo; mesmo que seja, por um desencargo de consciência por parte do médico, o qual dá esperanças de uma nova direção, sob a forma de indicação para um outro profissional, sob a forma de algum diagnóstico. Por mais que ainda seja um saber institucional de classificação de doença sobre o outro, nesse momento inicial, esse saber vindo de fora é importante para pelo menos situar no dentro-fora o que é pura perplexidade para quem está prestes a perder todas as referências.

Aliás, esse é o grande terror para quem se encontra nas passagens: perder todas as referências, perder-se em mundos, línguas, territórios, costumes, tempos e espaços irreconhecíveis. Essa angústia nos é belamente escrita por Brecht (apud KONDER, 1996, p. 47-48):

> Brecht se dava conta de que o exilado é sempre um ser que incomoda. Com sua simples presença, mesmo sem agir ou falar, o exilado torna visível um problema grave, uma situação desagradável que as pessoas não têm nenhum prazer em enxergar.
>
> Além de estrangeiro, "diferente", o exilado é um derrotado e como tal carece daquela espécie de beleza que costuma ser apanágio dos vitoriosos.
>
> (...) Muitos escritores alemães passaram pelo dissabor de morar como trânsfugas em países estrangeiros. Eram obrigados a depender de favores; deviam se servir de uma língua que não era a deles e que normalmente não dominavam. Dependiam de tradutores que nem sempre estavam disponíveis e às vezes não eram inteiramente confiáveis. Dirigiam-se a um público leitor com o qual não tinham intimidade, a pessoas que tinham outros hábitos, outras inclinações, outro quadro de referências culturais.

Após viver a angústia dos irreconhecíveis, de buscar no outro alguma orientação para se situar, para ser nomeado e identificado, o exilado em suas passagens percebe que esse movimento é ilusório, ou seja, o de fora obriga a invaginação do contar com si próprio para não se perder de vez, para manter alguma referência própria, por mais que ela seja vacilante e instável, dependente ainda de tradutores até a construção de uma maior autonomia.

Transcreverei, a partir de Tununa Mercado e de Brecht, exemplos desse movimento de volta a si para o início de outros movimentos de subjetivação do sujeito no e do exílio.

> Nunca atravesé los hielos; Madame Spira, quien por su renombre sería acaso la psicoanalista de la reina Juliana, no podia "por el momento" contraer un compromiso quincenal conmigo; sus horas estaban todas tomadas. La carta que me envio no hacía mención a ningún *caso* enviado desde Buenos Aires, a ninguna carta que me prohijara, ni tampoco a mi psicoanalista; decía estar a mis ordenes para más adelante y preguntaba si yo tendría a bien excusarla, quedando ella (suya) de mi. No me sorprendió la respuesta: ya me había dado cuenta de que la hazaña de pagarme um análisis em francos suizos, viajes sorteando montañas y al borde de precipícios em francos suizos, un alojamiento semanal junto al lago Léman o lejos de él en francos suizos, todo eso hacía varias semanas que me había resultado irrisório, desproporcionado como sueño de pobre. (MERCADO, 1990, p. 14-15)

> O que está errado, agora, no nosso discurso?
> Alguma coisa? Ou tudo?
> Com quem ainda podemos contar?
> Somos restos da correnteza viva
> Que o rio depositou em suas margens?
> Ficaremos para trás, sem entendermos,
> Sem sermos entendidos por ninguém?
> Precisamos ter sorte?
> Isso é o que perguntas. Não esperes resposta a não ser de ti mesmo.
> (BRECHT apud KONDER, 1996, p. 50)

Na hostilidade desse espaço-tempo que é o exílio, a política do exilado se torna a de propor uma superação para a dicotomia vivida entre o antes e o agora de si mesmo. Nesse sentido, ele busca intervir inicialmente pela aceitação de uma designação de doente, de enfermo, depois pela decepção de não ser aceito e de não poder participar das ilusórias orientações ou ajudas que lhe foram prometidas, para finalmente se perceber realmente um excluído que necessita reaprender a olhar e a olhar-se a partir de refrações e descontinuidades, tal como expressa Mahmoud Darwish (apud SAID, 2003, p. 52) em seus primeiros poemas sobre o sentimento de ausência de um lar na forma de uma lista de coisas incompletas e inacabadas:

> Mas eu sou o exilado
> Sela-me com teus olhos.
> Leva-me para onde estiveres-
> Leva-me para o que és.
> Restaura-me a cor do rosto
> E o calor do corpo
> A luz do coração e dos olhos,
> O sal do pão e do ritmo,
> O gosta da terra... a terra natal.
> Protege-me com teus olhos.
> Leva-me como uma relíquia da mansão do pesar.
> Leva-me como um verso de minha tragédia;
> Leva-me como um brinquedo, um tijolo da casa
> Para que nossos filhos se lembrem de voltar.

A então enfermidade inicial do exilado é esse estado liminar, ou seja, em meio, nem um nem outro, em que o sujeito oscila constantemente entre o dentro-fora, sendo pura transição, mutante em processo de outras aprendizagens, nas quais deverá começar outras presenças através do reconhecimento das cicatrizes do corpo, da alma, as quais assinalam rigorosa precisão e implacável memória dessas feridas.

Esse é o segundo movimento: a memória-saber de si. Contraposições entre a memória oficial e a memória-saber experienciada no exílio.

MOVIMENTO SEGUNDO

MEMÓRIAS-SABERES DO E NO EXÍLIO

> No se puede decir nada más anódino y estúpido que la frase: "lo pasaron bien en el exílio", esa trivialidad que muchas vezes, por exculpación, se acepta oír, o su contraparte de la misma laya: "los que se quedaron en la Argentina la pasaron peor", y otras variantes de esas simplezas que deberían indignar pues ponen en situación de torneo instancias que no lo admiten y que tampoco resisten clasificaciones tranqüilizadoras: exílio/exílio interior, que separan y aligeran, por así decir, la masa aún sin desbrozar, compacta, destructora y arrasante que fueron esos años, desde 1974 hasta la restauración de la democracia, sin contar los coletazos que todavia producen terror." (MERCADO, 1990, p. 28-29)

A observação realizada pela autora quanto a frase "lo pasaron bien en el exílio" pode ser a expressão do que vem a ser a memória arquivo em contraposição à memória saber experienciado.

> El exiliado sabe por anticipado que lê va a ser difícil adaptarse", término comodín que ya al llegar al país de exílio estaba presente en todas las conversaciones en las que, por angustia o por afán de simplificar, se

> trataba de definir la nueva situación. Preguntarle a alguien si se adapta es un lugar común de toda una clase social que busca tranquilizarse. Siempre me molestó que me hicieran esa pregunta, y me molestó aún más que me preguntaram: " Y los niños, ¿Y los niños,se adaptan?" porque se mi figuraba que uno era considerado como una masilla dúctil que se plegaba a las circunstancias con sólo ablandarse. La pregunta es anodina, pero pocas vezes se tiene la fuerza de rebatirla con un exabrupto o una negativa a responderla.... Con ese esquema el interlocutor curioso entendía sólo lo que necesitaba entender, nunca más allá, y la conversación podía proseguir o cesar sin dejar ninguna marca. (MERCADO, 1990, p. 30)

Uma coisa é o que as pessoas criam no imaginário sobre a experiência e outra é a experiência em si vivenciada por aqueles que a ela se submeteram. Se o imaginário social é formado não apenas por aquilo que se escolhe lembrar, mas também pelo que se escolhe esquecer, a questão sobre corpos em situações de traumas e passagens no exílio não é a dúvida de se eles participam da realidade, mas como participam.

Quais memórias "desaparecem", se apenas o conhecimento arquivado – através de discursos como "lo pasaron bien...", "se adaptaran?" –, tem sua permanência garantida como registro e identidade dos corpos em sua realidade pessoal (subjetividade) e sociopolítica?

Para relembrarmos os conceitos, a memória arquivo é a memória oficial, documentada por pesquisas quantitativas, objetos etc., os quais se tornam acervos de museus e elementos únicos para declararem a existência de uma realidade que é legitimada pela presença única de dados, números e falas legitimadas por alguma autoridade.

Já a experiência/saber corporificado é uma memória pessoal, própria de quem viveu a situação por onde perpassam emoções, sentimentos, modos de perceber e conceituar que denunciam outras histórias que não as memórias documentadas como "oficiais". É o sujeito no centro da experiência com a sensibilidade do corpo marcando e construindo outros discursos, os quais geralmente são considerados ilegítimos por serem considerados "histórias e experiências pessoais".

Mediante tais diferenciações conceituais, uma coisa é a necessidade de justificar essa experiência do exílio como forma de desculpa, e outra é a presença da memória-saber a recordar onde se encontraram as feridas que não coincidem com a frase: "lo pasaron bien en el exílio".

Nos dizeres de Miriam Volpe (2003, p. 47), referindo-se a Mario Benedetti, o qual traduz essas memórias através da diferenciação entre amnésico e olvidador:

> Benedetti estabelece uma diferença substancial entre aquele que é amnésico e quem é olvidador. Se o amnésico teria sofrido uma amputação traumática do passado, o olvidador escolhe amputar esse passado, por razões de culpa, desculpa, pretexto, má consciência, o que seria sempre uma evasão da responsabilidade. O amnésico se esforça por recuperar o seu passado e, às vezes, consegue, o olvidador não atinge seu objetivo de fechar o passado em um espaço inviolável, pois este sempre encontra uma maneira de abrir o cofre e mostrar a cabeça.

Nesse sentido, a frase já citada nos traz a possibilidade de pensar a memória arquivo como o olvidador, ou seja, aquele que quer esquecer ou deixar aparecer apenas o que convém como justificativa para a construção de uma história social a ser compartilhada por uma coletividade nacional. Coletividade esta que necessita dessas frases, as quais indignam aqueles que passaram pela experiência, dado a justaposição de vivências tão díspares (exilados e aqueles que permaneceram no país) a serem colocadas em classificações tão simplistas porque sem consideração para com a densidade e significação do que foi o exílio e a passagem.

Nesse tópico, meu objetivo é expor a densidade das experiências de quem sofreu o exílio-passagem como forma de tentar desfazer essas classificações simplistas que justapõem significados como um modo de descaracterizar, deformar e desconsiderar uma realidade que não pode ser revelada pela memória arquivo, e que cumpre com o propósito do olvidador, ou seja, não permitir um conhecimento que poderia transformar um imaginário social de uma coletividade.

Um dos elementos que compõem a percepção e a consciência é a vivência do tempo. Enquanto percepção, ou seja, vivência mediada pelos sentidos, o tempo vivido difere do tempo representado. Uma coisa é viver o tempo a partir das experiências subjetivas, e outra é dizer objetividades do que foi vivido, de tal forma que possa ser representado por alguma imagem e possa ser comunicado.

> (...) las épocas volaran como tornados creándome estados repentinos de confusión sobre el paso del tiempo. (...) Los años no corrían en ese largo paréntesis. Tal vez esta dislocadura fuera consecuencia, o síntoma paralelo, de una desestruturación del exilio mismo, pero nadie se permitía analizar esas cuestiones y a nadie se le ocorría poner en hora el reloj biológico del destierro. (...) me desesperaba no cumplir años, que tenía

> la descabellada idea de que el tiempo no transcurría pero que, así como el presente parecía estar detenido, el futuro se hacía extenso e infinito; ya entonces me daba cuenta de que esta ilusión era en realidad un estancamiento y vaticinaba que cualquier día habría de producirse una cuenta regresiva cuyo monto inicial tendría un desarrollo imprevisible. (MERCADO, 1990, p. 64)

Já podemos perceber uma das diferenças entre quem viveu o exílio e quem falou sobre o exílio, ou seja, percepção é diferente de representação. Perceber é atravessar e sentir nuances, pesos, distâncias, tonalidades múltiplas. Representar é como realizar o traçado de um mapa que orienta, mas não revela como será a viagem.

O tempo no exílio difere do tempo cotidiano de quem não está passando por essa experiência. O simples fato da ruptura de um cotidiano que acontecia por uma sucessão de atividades e convivências já habituais coloca a pessoa em um estado de suspensão. Suspende-se movimentos, expectativas, sonhos, atividades, continuidades, espaços livres, encontros, desencontros, linguagens, conhecimento. O que antes era um traço contínuo, com pontos de paradas já conhecidos, agora se transforma no movimento de um grande traço, longo, longo, se estendendo segundo um ritmo amplo e aberto, que mais se parece com a ideia de horizonte, ou seja, o tempo acontece mais além daquele traço do horizonte, em outro lugar que não esse que a pessoa se encontra agora. Tudo começa acontecer entre silêncios, vazios de sentidos e vagas promessas de retorno. Mas, quando? É um parêntese que não tem um tempo de devir, "(...) é uma fratura incurável entre um ser humano e um lugar natal, entre o eu e seu verdadeiro lar: sua tristeza essencial jamais poderá ser superada" (SAID, 2003, p. 46).

Assim, o tempo passa a ser o do provisório.

> Provisório, el tiempo va de semana a semana en un tren de altos sucesivos: se lee la noticia, se la sopesa, se piensa en términos de coyuntura, se enfrenta con la imaginación al adversário que interfiere el decurso, se cree acumular fuerza contra el enemigo mayor que ocupa también semana a semana, y en una ofensiva cada vez con una capacidad mayor de fuego, los terrenos que el exiliado há perdido al ausentarse.
> Las discussiones no tienen fin, la sospecha no tiene fin; en los espesores y en la espesura de esa selva sin tiempo no hay diques que parapeten el continuo, las hojas no caen, el frio no llega, el presente nunca pasa al futuro. Los acontecimientos están iluminados como en el teatro, exaltados en su significación; nunca la paranóia tiene un cuerpo tan sibilino como en esta estância sin estaciones. (MERCADO, 1990, p. 29-30)

Nessa suspensão do tempo, nesse entre cheio-vazio, as dobras da subjetividade se faziam entre as memórias do que ficou para trás e o oco presente, muitas vezes expresso pelos sonhos de morte. Um constante ir-e-vir entre o que se foi e a desconcertante vivência de não saber se ainda se poderia ser. Pura perplexidade, espanto, vazio, que eram preenchidos por evocações do perdido e por melancolias e pesadelos de um destino sem nome, uma condição de perda terminal:

> Es también espanto lo que provoca la evocación del modo en que esse tiempo era ocupado en un setenta por ciento por el tema propio de la circunstancia, a saber la Argentina, esse país poca madre que nos había expulsado y sobre cuya situación se hablaba sin parar (...) llenando por

así decir con la matéria argentina todo hueco de la realidad, saturando con la pasta argentina todos los agujeros, atiborrando el cuerpo y el alma con esa sustância que no producía placer, ni buenos recuerdos, y que solo depositaba su cuota de muerte al entrar y salir de la conciencia (...). Se soñaba la muerte casi siempre; el individuo era atravesado sin trégua en esos sueños por imágenes de despojo y desamparo; el durmiente pasaba noches desnudo, descubierto, perseguido por fuerzas invencibles, se caía al torrente, perdia el tren, salía de su casa descalzo, perdia sus papeles,(...); el individuo no la pasaba bien en sus sueños. En sus vigílias el efecto de esos sueños se reiteraba por ramalazos, impidiéndole cualquier tipo de felicidad transitória casi la mayor parte del tiempo. (MERCADO, 1990, p. 30-31)

Nesse espaço-tempo do provisório a pessoa busca algum suporte, algum apoio e referência inicial nessa constante evocação do que foi e do que viveu. E, a cada vez que o fora, o exterior do estar em outro país faz pressão, ele percebe que não faz parte, que não é do lugar e que deverá fazer uma força descomunal para esquecer sua condição anterior e tentar se integrar no novo meio. Meio que não lhe é próprio, que não fala sua linguagem, que não possuí seus costumes, que não lhe é amigável, mas que é o possível no presente. Como se integrar nesse novo meio, mantendo alguma identidade e sendo respeitado por quem foi em seu país, se tudo é estrangeirice e implica em alguns rituais para ser aceito na nova condição?

Como ser outro de si sem se perder nas pressões do exterior? Como se salvaguardar de alguma referência sem agredir ou afrontar esse outro que lhe acolheu temporariamente, mas que sente, pensa e age de modos muito diversos? Abnegação de si e/ou novos aprendizados?

Esse é um outro conflito que o exilado vive nesse tempo provisório e que lhe custa muitos mal-entendidos frente aos novos habitantes de uma terra, corpo, espaço, linguagem que não é a sua. Alguns conseguiam se mesclar com a nova cultura, outros não renunciavam a seus costumes, e outros se misturavam tanto que se cobriam com uma nova pele.

> Para o exilado, os hábitos de vida, expressão ou atividade no novo ambiente ocorrem inevitavelmente contra o pano de fundo da memória dessas coisas em outro ambiente. Assim, ambos os ambientes são vívidos, reais, ocorrem juntos como no contraponto. (SAID, 2003, p. 59)

Como encontrar o ponto ou o contraponto?

> Si los "puntos" eran algo así como el cierre de una forma, en cierto modo una "completud" transgredida una y outra vez por los demás que se obstinaban en sobrepasarla, si la gente violentaba los estados justos de la matéria, se podia ver claramente que allí mi obsesión era reparar en lo que sobra, en lo que desborda y que, al ignorar un limite, arruína el alimento o echa a perder el estádio óptimo de un proceso, sin dejar la posibilidad de uma rectificación: lo que pasó ya no puede ser regresado a su condición primigenia. No culminar, entonces, dejar a medias, dar a las cosas el margen de maduración, incidir solo en las etapas iniciales de la evolución de un elemento y luego dejarlo abandonado a su propia inércia, no precipitarlo ni cerrarlo, eran las leyes de esa obsesión que colmaba todas mis intenciones y definia todos mis deseos. (MERCADO, 1990, p. 47-48)

O ponto/contraponto seria encontrado nessa percepção da necessidade de deixar acontecer, de não precipitar fechamentos, de possibilitar a maturação, ou seja, não mais viver apenas da força da evocação das memórias de quem se foi, nem também por uma aceitação passiva das novas regras, costumes e usos da linguagem do novo país. Após esse não dobrar, desdobrar, resistir, vem uma consciência do tempo não mais como pura provisoriedade, mas como um tempo de espera ativa e alguma originalidade.

> Ver "o mundo inteiro como uma terra estrangeira" possibilita a originalidade da visão. A maioria das pessoas tem consciência de uma cultura, um cenário, um país; os exilados têm consciência de pelo menos dois desses aspectos, e essa pluralidade de visão dá origem a uma consciência de dimensões simultâneas, uma consciência que – para tomar emprestada uma palavra da música – é *contrapontística*. (...) Há um prazer específico nesse tipo de apreensão, em especial se o exilado está consciente de outras justaposições contrapontísticas que reduzem o julgamento ortodoxo e elevam a simpatia compreensiva. Temos também um sentimento particular de realização ao agir como se estivéssemos em casa em qualquer lugar. (SAID, 2003, p. 54)

A partir desse contraponto, surge a hora de construir novos currículos, novas memórias, com os quais o conhecimento de si anterior ao exílio (que nessa nova condição de exilado também passa a ser uma memória arquivo se cristalizada unicamente no apego ao que se foi e viveu) deverá ser mesclado, transformado a partir do contato com essas outras experiências e saberes. Esse é o ponto, a dobra, o novo: fazer o possível sem deixar de ainda esperar. Inícios de algumas continuidades no tempo e do tempo.

Nem exotismo, nem transculturação, nem inexistência, mas um entre, que convida a não se colocar apenas como incomunicabilidade (apesar de ela existir), mas como um novo sujeito, em um novo contexto, onde as coisas não se relacionarão por encadeamento orgânico, mas por conjunções, formando outro tipo de ajuntamento, com intervalos, fissuras, introduzindo em meio às fendas outras visões, suscitando outras intensidades do tempo de ser.

Recorrendo a Bhabha (1998, p. 29-30) para explicitar esse movimento de formar outras conjunções, ou seja, de misturar tempos-espaços que antes eram concebidos e percebidos como não passíveis de um outro trânsito:

> A atividade negadora é, de fato, a intervenção do "além" que estabelece uma fronteira: uma ponte onde o "fazer-se presente" começa porque capta algo do espírito de distanciamento que acompanha a re-locação do lar e do mundo – o estranhamento (*unhomeliness*) – que é a condição das iniciações extraterritoriais e interculturais. Estar estranho ao lar (*unhomed*) não é estar sem—casa (*homeless*); de modo análogo, não se pode classificar o "estranho" (*unhomely*) de forma simplista dentro da divisão familiar da vida social em esferas privada e pública.

Um dos movimentos que constituem essa atividade negadora no exílio é a escrita, o ato-desejo de escrever, o re-locar-se do lar e do mundo, onde é possível duas pessoas falarem de lugares diferentes sem desqualificarem e mistificarem um nem outro. Tal como nos coloca Adorno (apud SAID, 2003, p. 58): "(...) o único lar realmente disponível agora, embora frágil e vulnerável, está na escrita".

MOVIMENTO TERCEIRO

A ESCRITA RESGATE

> "(...) no se escribe ni se pinta lo que se vê, se oye, se huele o se siente, ni tampoco se escribe em el lugar donde esas acciones de oír, ver o sentir se ejecutan, y ha sido para mí un escollo y, en cierto sentido durante años una parálisis, no admitir el carácter separado de la dimensión de la escritura o de tejido, labores que llevé a cabo, la primera con menos entrega que la segunda, en el tiempo del exilio". (MERCADO, 1990, p. 145)

Existem algumas estratégias que se estruturam como formas de se encontrar um "ponto/contraponto". Pode-se recorrer a disfarces, como usar nome falso, tentar se tornar anônimo, vestir-se de modos pouco habituais, escrever glosas ou resenhas sobre assuntos aparentemente sem importância, de tal modo a ganhar o respeito das pessoas e a partir daí possibilitar um certo diálogo com as elites pensantes do país receptor do exilado.

Na literatura islâmica, essa modalidade de disfarce e dissimulação como forma de sobrevivência e preservação recebe o nome de *Taqiyyah*.

O *Taqiyyah* "(...) preserva a vida humana e valoriza sua importância: pode-se e deve-se recorrer à criatividade pessoal para urdir subterfúgios e artimanhas que assegurem sair ileso de travessias em tempos difíceis e circunstâncias adversas" (GOMES, 2000, p. 121).

Essa é a arte de permanecer fiel às próprias convicções sem deixar-se morrer. No *Taqiyyah*, "(...) não existe morte gloriosa: o glorioso é fazer o que se pode levando em conta as condições da realidade, mantendo a crença viva dentro do coração". (GOMES, 2000, p. 122).

O exilado, enquanto estrangeiro em terra e corpo, tendo sua vida à mercê de figuras poderosas, se assemelham nesse sentido a Scheerazade, a qual para conseguir se safar com vida, conta histórias. Pinault (1992), entre outros estudiosos, dá o nome de *ransom-stories*, "histórias-resgate", e Todorov (1977) comenta a esse respeito que as palavras de ordem "*ou a bolsa ou a vida*" estariam aqui substituídas por "*ou mais uma história ou a vida*".

Essas *ransom-stories* não são contadas simplesmente de forma sequencial. Elas são dispostas em camadas para que no final o conteúdo se revele, ou seja, elas são encaixotadas, embutidas, escritas e contadas a partir das nuances da memória afetiva ou do afeto que se deseja comunicar subliminarmente ao ouvinte. Possibilitam, ao mesmo tempo, que o escritor-narrador comunique o que deseja ao outro, sem se declarar abertamente, e que o leitor-ouvinte estabeleça suas próprias ligações.

Nesse sentido, as *ransom-stories* não buscam ludibriar o leitor-ouvinte, mas, antes, elas tecem uma rede ética que constitui uma alavanca que permite ultrapassar as situações de conflito, sempre tomando em consideração a realidade e suas particularidades e imposições. Elas convidam a interpolações lógicas nas quais caibam a reflexão e a elaboração, que são todo o contrário da solução imediatista e impulsiva, que mais se assemelha a um curto-circuito mental que desequilibra o encontro do "ponto/contraponto".

A escrita performática do exílio permite que o leitor-ouvinte, bem como o próprio escritor, saia da imersão nos líquidos pútridos e indiscriminados do Imaginário para a discriminação do Simbólico, através da palavra endereçada ao outro. Aqui, a escrita resgata a comunicabilidade tão desejada pelo exilado sobre suas memórias saberes, bem como desbanca as ordenações clássicas a que pode ser submetido quando diante de figuras importantes que desejam um enquadramento nas experiências já institucionalizadas do que vem a ser um exilado: débil, perdido, sem saber o que quer, doente, miserável, jamais alguém que possa ser e simbolizar experiências e saberes a partir de si.

> Hay um largo período en los retornos, el de la evocación, pautado por senales que se producen a cada paso, como si una masa de significaciones hubiese estado a la espera de quien la excitara para desencadenarse, irrefrenable. Se sale a la calle *en estado de memoria*, ya sea que se la bloquee o se la deje en libertad de prenderse a los datos de la realidad. Es muy difícil preservar ese material de las generales de la ley y singularizarlo: hay retornantes que vuelven al barrio y suspiran, retornantes que reconocen, gozosos, antiguos lugares en los que su vida transcorrió y quieren hablar a toda costa de sus sensaciones... retornantes que endilgan a los demás su carga memoriosa pero que se impacientan cuando uno de sus semejantes quiere hacer su propio ejercicio de recuperación. (MERCADO, 1990, p. 132)

Entretanto, devemos nos atentar para uma observação-vivência de Edward Said (2003) para essa questão da literatura sobre o exílio, a saber, quem escreve e quem lê ou interpreta essa experiência. Em outras palavras, devemos até tentarmos nos colocar no lugar a partir de onde se fala e de quem fala, mas devemos igualmente ter a consciência de que conseguiremos apenas nos aproximar do sujeito da experiência e sua posição de enunciação para não repetirmos o papel do olvidador, o qual reduz a memória-saber a algumas questões simplistas e retilíneas de adaptações a outro país.

> Na escala do século XX, o exílio não é compreensível nem do ponto de vista estético, nem do ponto de vista humanista: na melhor das hipóteses, a literatura sobre o exílio objetiva uma angústia e uma condição que a maioria das pessoas raramente experimenta em primeira mão; mas pensar que o exílio é benéfico para essa literatura é banalizar suas mutilações, as perdas que inflige aos que as sofrem, a mudez com que responde a qualquer tentativa de compreende-lo como "bom para nós". Não é verdade que as visões do exílio na literatura e na religião obscurecem o que é realmente horrível? Que o exílio é irremediavelmente secular e insuportavelmente histórico, que é produzido por seres humanos para outros seres humanos e que, tal como a morte, mas sem sua última misericórdia, arrancou milhões de pessoas do sustento da tradição, da família e da geografia?
> Ver um poeta no exílio – ao contrário de ler a poesia do exílio – é ver as antinomias do exílio encarnadas e suportadas com uma intensidade sem par. (SAID, 2003, p. 47)

Um exemplo dessa afirmativa de Edward Said (2003) está presente na narrativa de *En estado de memória*, quando a personagem se encontra com uma terapeuta que tentava ordenar-lhe a vida e classificá-la como anúncios de um periódico. Nessa passagem do texto vemos claramente a postura de quem deseja arquivar memórias, como se a pessoa que se encontra na posição de exilado não soubesse nada de si, não trouxesse nenhum passado, não possuísse um corpo sensível e inteligível, que mesmo em condições adversas, ainda tinha habilidades de transcender, de sair do Imaginário para o Simbólico através da palavra.

> Con esfuerzo y luego de una inmersión en mi alma como ante un confesionario, dije que lo que a mi me interesaba era escribir, *fundamentalmente escribir*, dije...
> No era outro mi deseo: *escribir*, había dicho yo con la inflexión de quien se hace perdonar por una falta; *escribir*, dije en un susurro, y parece que eso la sobresaltó; escribir no se parece en nada a una decisión laboral, pero ella quiso llevarme a un terreno pragmático hablandome de gente que preparaba textos para campanas de publicidad, de promotores de artistas que trabajaban para *dealers* (así lo dijo). Yo no entendia. ? Como era posible que solo hubiera podido llevarla, con mi confesión, a semejantes hipotesis sobre mi persona? (...)
> Yo ya veia venir el cataclismo, pues iba a intentar decirle de una vez por todas que nunca como en ese instante había sentido hasta qué punto dos personas pueden hablar en y desde distintos sítios, sin descalificar uno ni ensalzar el outro; con prudência iba a decirle que estábamos hablando en dos planos diferentes y que quizás ella con sus consejos creia, de buena fé, que esos planos tenían algún ponto en común, pero que yo no buscaba en términos estrictos un trabajo. (...) No le dije nada, me trague la amarga insatisfacción de estar repiqueteando en un espacio sin ecos. Eso si, ella me condujo a un estado limite; su idea complaciente

> del mundo me hizo desear con intensidad no estar allí; (...) no pude soportar más su voluntad de rescatar en los perdidos de la noche, en los ciegos de los caminos, la supuesta luz que los guiaria hacia su propia verdad y, en una relación mecânica de causa a efecto, el resorte de una atividad laboral remunerada que volveria a colocar a esos marginales del mundo en el mundo. (MERCADO, 1990, p. 61-62)

A partir desse episódio de desconsideração da terapeuta (profissional formada para se colocar no lugar do outro e ajudá-lo na elaboração e compreensão de seus traumas) para com a experiência do exílio, a autora resolve iniciar a narrativa que compõe *En estado de memória.*

O livro é um texto que comparte o momento de sua produção e se concentra na problematização da experiência do exílio, escrito por uma mulher. Sua escrita permite observar a construção da subjetividade a partir da presença de enunciados autorreflexivos, marcados por uma forte preocupação ontológica e, ao mesmo tempo, envoltos em uma zona de silêncio que diz sempre mais dos que os textos dizem.

Essa é uma transcendência que as histórias-resgates possibilitam, ou seja, uma metáfora que simboliza não apenas processos socioculturais presentes no exílio, mas também as invaginações do dentro-fora da subjetividade ao longo da experiência, a qual constituí a memória corporal diferenciada da memória arquivo descritiva e analítica da situação de exílio.

Essa diferenciação acontece no texto quando a autora apresenta o exílio político e geográfico como um acontecimento que coloca em andamento a crise da subjetividade. Por este motivo, é difícil pensar o exílio estritamente do ponto de vista de sua definição convencional, ou seja, do desterro.

Recorrendo a Sandra Jara (1997, p. 83) em uma reafirmação desse pressuposto diferenciador:

> En rigor, creo que el exílio adquiere el estatuto de un *significante* que va atravesando diferentes zonas del ser y de la existência y, por ello, deja de ser un tema central alrededor del cual se narran, exclusivamente, las circunstancias políticas e ideológicas de un momento histórico. Así, puede decirse que el exílio se va desplazando desde su sentido lógico, habitual, hacia instancias marginales y muestra, de este modo, una multiplicidad de sentidos. Dentro de este contexto, se puede afirmar que ocupa un papel estratégico en tanto lugar de condensación productiva desde ele cual se opera un salto, una *puesta em abismo* que promueve la emergência de *huellas* de otros lugares y de otros tiempos donde acaba por perderse la certidumbre de toda identidad. [...] ... ponen al descubierto la dislocación del yo entendido como un lugar seguro, estable y pleno de sentido, descubriendo también, de este modo, la indecibilidade de un sujeto que, en el deseo de un conocimiento de si – que se transforma, al mismo tempo, en la búsqueda de su deseo -, se afirma y se niega como resultante de un processo social e cultural, es decir, semiótico.

Sentir-se deslocado, indizível, invisível, no dentro-fora do saber de si, leva a esse desejo de conhecimento, e o texto de Tununa Mercado nos remete, assim, a uma outra instância do exílio: a do tempo como uma sensação de indeterminação que levará o sujeito à busca constante de si mesmo. O tempo do exílio é um "sin tiempo (...) estância sin estaciones" configurado por "(...) un parêntesis que no cuenta en ningún devenir" (MERCADO, 1990, p. 29-30).

É o tempo da espera ativa e do contraponto mencionado anteriormente, onde acontece a dialética do dentro-fora, de antesdepois que gira em torno de um presente absoluto. É o tempo da dimensão fronteiriça, mas, também, o ponto de convergência do entre, do parêntesis, que constituí um estado alterado de consciência, necessário a toda e qualquer criação e escrita. Isso porque, esse tempo é de uma outra ordem, isto é, ele em um mesmo instante, solicita e excluí o conceito tradicional de espaço, de tempo e de realidade. Em definitivo, é de uma ordem que parece escapar-se da representação, pois ele marca um modo de estar-no-mundo diferente. Nesse sentido, é um significante que provoca uma disjunção a respeito da direção natural de uma representação consistente em produzir efeitos de realidade.

Por emergir de cenas de envolvimento que projetam experiências de infortúnios e sofrimentos gerados no exílio, esse tempo-texto expressa a lógica do estranhamento, que paradoxalmente, funciona como um marco de onde se vai articular a construção de uma nova subjetividade.

Assim, o desejo de escrever(-se) é a partir de onde se esboça a busca de uma possível identidade, não como mera representação do eu, mas como enunciação de um eu, de um corpo-passagem e sua memória saber. Memória essa que se respalda no horizonte da temporalidade, onde se pode pensar esse novo sujeito em relação com o *estado de memória.*

Ainda recorrendo a Sandra Jara (1997, p. 94):

> Esta relación puesta en juego en la superfície textual, en principio, articula la emergência de un *yo biográfico* instalado en un tiempo pasado, el del exílio, recuperado por la memória de un *yo* que se configura en el tiempo presente de la escritura. Pero la memória depositada en el cuerpo de la letra va articulando un *tiempo de repetición* que, además de

revivir experiências del pasado, marca la coexistência del pasado e del presente y da lugar a la creación de un sujeto diferente; la construcción de un *otro* inscripto en los márgenes del sujeto textual. El tiempo de repetición, entonces, no puede circunscribirse exclusivamente a encadenar y a poner en escena *la representación* de los mismos momentos del pasado porque es el tiempo de una escritura o, más precisamente, el tiempo de la escritura de la memória que no se ajusta a los tramos sucesivos de una cronologia dominada por un sujeto que escribe.

Pelas reflexões realizadas, bem como pela argumentação de Sandra Jara, podemos perceber que pela escrita *em estado de memória* o sujeito vai desconstruindo a si mesmo, mas sem se tornar mera sombra ou sem se anular. Pelo contrário, ele se extravia na busca de um autorreconhecimento ao atravessar as zonas sombrias da memória para produzir um sujeito em crise, em passagem, a qual nada mais é que a dissolução do jogo de máscaras pronominais.

Em outras palavras, um corpo memória-saber em experiências de exílio físico e simbólico revela que os jogos de máscaras que compõem nosso cotidiano, bem como nossas memórias arquivos – nas quais reina um eu soberano –, cairam por terra, perdendo-se em outros espaços-tempos de subjetividade. São as vivências de incerteza em relação a si próprio que inicialmente levam o sujeito a sentir-se e denominar-se doente.

É o primeiro movimento mencionado anteriormente, Enfermidade, em que podemos ver uma associação entre os efeitos que o exílio produz e os sintomas da loucura: “La persona (...); busca, fundamentalmente, estar en un grupo, pertenecer a la grey, pensando, tal vez con razón, que esa pertenencia puede alejar de ella la locura o, por lo menos, la incertidumbre” (MERCADO, 1990, p. 21).

Nesse momento, a própria memória vai se enfermando quando acontece a percepção de uma não pertença, de uma marginalidade na qual convergem o estado de exílio e a loucura. Realmente, é um estado sinalizado por uma identidade que, no desejo de se encontrar, aparece perdida no espaço incerto de uma linguagem que não lhe outorga um lugar preciso. Essa é a identidade exilada de si própria que irá buscar referências nos pronomes anteriores em que se reconhecia, mas que ao mesmo tempo, dá lugar à construção do *duplo*, da *invaginação*, que no texto aparece na nominação linguística como <u>outra</u>:

> (...) y cuando llegué a casa estaba desdoblada, queria decir *yo* y decía *ella* y rogaba que volvieran a unirme, que me restituyeran al casillero del que provenía y en el que había estado hasta ese momento con tanta despreocupación como inconciencia; costó muchísimo volverme a mi, o sacarme de mi, una *otra* que entrevia y a la que no podia acceder y todavia *una otra más* que no me soltaba, sin saber yo distinguir entre la otra que había de ahuyentar y la mia que debía retener. (MERCADO, 1990, p. 17)

As nominações pronominais que garantem um espaço ao sujeito no registro simbólico parecem aqui insuficientes porque, além dela, a <u>outra</u> surge como uma figura fantasmática, mas atuante, que é ao mesmo tempo alheia e própria desse eu que vai se desdobrando e, em seu movimento de desconhecer-se e reconhecer-se aparece a alteridade.

Nesse movimento do dentro-fora que não se pode delimitar, vemos que a construção da subjetividade transcende a relação dual e inicia em passagens, o entre, o outro saber, um terceiro descentrado que longe de afirmar um princípio de identidade, se fundem para dar lugar ao sujeito da diferença.

Diferença essa que não é loucura, que não é enfermidade, que não permanece na incomunicabilidade, mas apenas transcende uma concepção de sujeito metafísica ao configurar essa outra subjetividade. Subjetividade que é exilada da representação e que permite, pela escrita, a representação do que parece irrepresentável.

Essa é uma das possibilidades da escrita resgate, do texto que contém histórias em outras histórias, ou seja, a de falar-escrever a partir da própria desnudez de um estado limite, de uma zona de passagem onde convergem, se misturam e se transformam as instâncias de um eu já conhecido e as instâncias de outros ainda ensombrados. Escrever tendo a coragem de atravessar pronomes e não se encarnar neles. Sustentar momentos de indeterminação nos quais as incertezas da linguagem e o isolamento simbólico contornam angústias dessas memórias-saberes que doem, desorganizam, geram estranhamentos, mas não mais aceitam os contornos da identidade de um sujeito metafísico-cartesiano que apenas se lê pela dualidade de opostos.

A meu ver, esse é um dos momentos mais importantes para se repensar os conceitos de identidade, normalidade, doença mental, condutas de gênero politicamente corretas, bem como a violência simbólica que é cometida sobre o sujeito que passa por esse tipo de experiência quando de uma ordenação de seu processo através de diagnósticos clínico-patológicos e da definição de uma identidade única.

É o que abordarei no quarto movimento.

MOVIMENTO QUARTO

ECOS E VIOLÊNCIA

O fixo não tolera a presença do móvel:

> La sensación se producía, era, por consiguiente, un estado objeto de clasificación dentro de las coordenadas de la especie humana o animal; ¿era acaso síntoma de una patologia?; tal vez lo fuera, por la manera en que se negaba a ser descrito más allá o más acá de la metáfora. Muchas vezes pregunté a otras personas si a ellas no les provocaba ansias – "dar ansias", el término usado en México para describir el nerviosismo y el desasosiego que producen ciertas situaciones inmanejables, era el apropiado – la disposición en celdas de los panales, pero no encontré a nadie que se hiciera eco de mi inquietud o que simpatizara con mi urgencia por entender lo que me pasaba.
> Podría haber buscado el modelo enceldillado en disciplinas diversas, indagar su presencia en la naturaleza y en el arte, pero en ningún sitio habría encontrado el sentido del vértigo que me embargaba cuando aquél se manifestaba. (MERCADO, 1990, p. 88)

Afetado pela mobilidade de tantos estranhamentos, de tantas fragilidades, de tantas nuances no modo de sentir e perceber o tempo, o espaço, o corpo e a linguagem, o exilado reflete a marca dos conflitos mortais, da errância de ser humano, a qual acaba por se chocar com forças, figuras de autoridade e linguagens que nada sofrem porque não mudam. São as forças do fixo, do hegemônico, de uma memória que se cristaliza em fatos aparentes e lineares, em leituras já prontas, em diagnósticos preconcebidos para aqueles que passam por uma experiência de exílio.

Conviver com tanta mobilidade em mundos fixos requer no mínimo uma punição pedagógica para aquele que desacomoda o já dado e estabelecido com seu movimento. Essa punição é, ao mesmo tempo, reveladora e esclarecedora. Revela ao exilado sua fragilidade e esclarece para ele e os demais o entrave que sente o falante na busca de se exprimir.

Em uma mentalidade e identidade ocidentais habituadas por seus critérios de objetividade e universalidade à "*literarização de sentido*", nas quais o valor maior é uma tradição sedimentada em hábitos de certos pensamentos, certas literaturas, certos autores e livros, certos modos de ser e agir, a palavra dos exilados vem sendo expropriada de sua nova enunciação, tal como exposto anteriormente por Edward Said (2003).

Tal expropriação pode se dar pelo aparar de arestas de seus significados outros, em relação a uma linguagem oficial, para sua integração a práticas linguísticas já conhecidas. Assim, o receptor expropria a palavra nova de sua estranheza, aperfeiçoando os detalhes da iniciação em outras mentalidades e vivências, bem como de sua mediação em outras formas de construções linguísticas. É por esse corte (expresso pelo "*lo passaron bien en el exílio*") que se tenta fixar as mobilidades na construção de uma nova subjetividade através de recursos de descentramento.

O descentrar é uma das punições pedagógicas utilizadas como um modo de afastar o incomodo, afastar Cindal, afastar aquele que ousa dizer através dos gestos canhestros de um corpo ulcerado. Descentrar é assim, tentar colocar quem passa pela experiência do exílio à margem de quaisquer falantes. Em outras palavras, obstaculizar através de adjetivos pejorativos (por exemplo: doente, louco, instável, esquisito, incompreensível, etc.), a passagem à condição de sujeito. Ao ser tratado como não sujeito, porque diverso, resta à pessoa o monólogo interior que é a paga correspondente a quem já não se pode exprimir.

> Aqui y ahora, em este recinto o unidad constituido por mi misma y mis sentidos, no se produce um *ver*, es decir el ejercicio común de posar una mirada sobre las cosas, sino la *idea del ver* que no pretender ver sino *oír el ver*, oír una mirada interior o, más que una mirada, una aptitud para armar el tablero radial de la conciencia, sobre el que se prenden, en la ocasión, los sonidos. (...)
> Encerrada en ese espacio que sólo es real en su parcela de virtualidad (...) ahora veo lo que oigo. (...) Pero el cuerpo no se mueve, estoy suspendida de él, ingrávida, y sin embargo ningún miembro oscila ni tampoco responde a una cadencia de manera evidente. (...) todo eso transcurre en el recinto de ver lo que oigo, una secreta fábrica, un compartimiento separado del sentir corriente de los cinco sentidos pero que los abarca y subsume en condensaciones por ahora sin nomenclatura. (MERCADO, 1990, p. 90)

Como exprimir, para ser compreendido, o que ainda está no nascedouro, no desarticulado discurso, o qual não encontra ressonância com as sintaxes, com as exigências da língua e escrita oficial?

Assim, no início desse movimento de descentramento, a pessoa se depara com a narcísica plenitude de uma linguagem já dada, já reconhecida e estabelecida pelos pronomes próprios que não admitem misturas e confusões entre o eu, ele, ela, outro.

> Y después, poco a poco la frase transita hacia uma tercera persona, um *ella* que debería saber que no todo va a ser como hasta entonces sino que también está la muerte, *ella* defendiéndose en diferentes usos pronominales, como si le hubiesen hurtado, sin que se diera cuenta, la identidad, saliéndose del tú al yo y de allí de nuevo a su ella, en un peligroso juego de seducciones que se ignoran una a otra, cada una en su estrategia de sortear la máxima verdad susurrada. (MERCADO, 1990, p. 104)

Nesse confronto com o pleno, o não-pleno, o que nasce, perde sua estabilidade. Com o pleno o diálogo não é possível, pois ele não absorve a voz, não a interpreta, não a contesta. O som bate e retorna sem sentidos e ressonâncias, sobrando os restos de um diálogo que não houve, estilhaços de uma troca inexistente: *Ecos*.

Aflição, pura aflição, é o que resta à pessoa nesse primeiro momento. Creio ser nele que se constitui o que se denomina incomunicabilidade no exílio, apesar de não podermos nos ater a essa definição como única condição do exilado. Ela é somente uma passagem, um desencantamento com um discurso já conhecido e praticado, uma decepção que leva o exilado a perceber a distância que existe entre o prometido e o vivido, ou seja, entre a comoção vivenciada e a comoção discursada.

Falar de si, de suas necessidades, desejos, desesperos, aflições, perdas não terá a mesma receptividade que tem a comoção que um discurso desperta. Nesse sentido, quem se encontra em exílio deverá reaprender discursos, isto é, falas que possam sensibilizar o outro sobre sua experiência, mas sem mostrar e revelar essa experiência. O então sujeito solitário do exílio deverá discursar como nas estórias que contêm estórias e deixar ao outro a tarefa de desvendar significados e de compreender a mensagem. Nem sempre essa recepção irá acontecer e, nesse momento, o corpo se torna meio de expressão. Privado da receptividade, a pessoa depara-se com um conflito entre a intensidade do desejo de expressão e a insuficiência de recursos para que ela aconteça. Sem a mediação protetora da palavra, do simbólico partilhado, a pessoa avança com o próprio corpo... *Ulcerações*.

Corpo-saber a partir de experiências próprias, inimagináveis para quem não passou pela situação, fantasiosas aos olhos do não exilado, desconectadas de um cotidiano e, portanto, interpretadas como delírio, desconjecturas, vitimizações, distorções de percepções, loucura, desvios de condutas.

O que é movimento, nascedouro, torna-se campo fértil para interpretações patológicas, a partir de um discurso já institucionalizado sobre os deveres ser-agir de todo humano. A grande violência cometida contra essa subjetividade que está sendo, é o impedimento do pleno de que os outros se construam através de si. O pleno não oferece espelho, ressonância e humanidade para com aquele que ainda está se manifestando como um mutilado frente ao discurso oficial que não reconstrói contornos e significados. Esse reconstruir seria o olhar admirativo para com aquele que está nascendo, ou seja, o olhar que distancia, que re-conhece por fraturar unidades já tão compostas nas memórias arquivos de cada um de nós.

É assim que, confortavelmente plena, a memória arquivo – em contraposição à memória saber-experienciado – não responde a nenhuma solicitação de outros conhecimentos.

Metafórica e analogamente, a memória arquivo representaria Narciso, enquanto que a memória-saber corporal, Eco.

Narciso em sua plenitude não admite que solicitação alguma o perturbe: "Indiferente ao que o cerca, lembra o ato puro aristotélico, amado sem amar, conhecido sem conhecer, longe da impureza perniciosa ao que é puro, embevecido de si" (SCHULER, 1994, p. 28).

Já Eco, sabendo-se mutilada em sua fala e tentando aflitivamente comunicar um novo que devolva outros sons, começa a admirar Narciso por sua plenitude. Por diversos momentos ela crê que ser plena é sua única saída para resgatar a fala. Ela apenas não percebe que a plenitude de Narciso é a fixidez de seus movimentos, é a interdição ao conhecimento, pois se tivesse o conhecimento de si, morreria.

Narciso é até dotado de fala,

> (...) mas de uma fala que o leva de si a si mesmo e se constituí em um monólogo exterior. As palavras de Narciso lembram a fala de atores dirigida ao auditório, embora se distinga dela. Narciso fala cativo da própria imagem. Ovídio explora os recursos dessa situação ímpar. Conflita a personagem com um mundo reduzido a simulacros. O beijo, signo da comunicação íntima, materialização da palavra apaixonada, se esvai na incomunicação. Beijos nulos agitam o lago. O abraço, gesto que une corpos, cai no vazio, reflexos inconsistentes apaixonam o olhar. (SCHULER, 1994, p. 44)

Podemos perceber por essa metáfora que tanto Narciso quanto Eco erram por se definirem apenas pelo movimento inicial de uma plenitude que seduz a todos nós, por não nos levar a sentir as aflições e incômodos que toda tentativa de comunicação e expressão guarda em si: a quebra das imagens e dos simulacros.

Imagens e simulacros – por suprimirem o silêncio, a distância e o conhecimento – são rejeições de profundidades, de silêncios, do nascedouro de outras linguagens. Nesse viés elas interditam os invisíveis, o que ainda não tem nome próprio, o que não se deixou horizontalizar pela imagem (Imaginário)[5].

Aqui podemos recordar Heráclito, quando este pontua que, sem o recurso do invisível (e, acrescento, do ainda não dizível), somos fatalmente arrastados pelo fluxo das águas e das imagens. São esses os diagnósticos que configuram a violência psicológica em relação a subjetividades que estão aniquilando contornos para se tornarem outras; ou seja, diagnósticos que descrevem uma permanência no Imaginário coletivo, no que apenas simula impressões, pareceres e seres, sem a permissão para que novas vivências e linguagens simbolizem outros dizeres e fazeres.

Afinal, essa é a grande sedução dos simulacros e artifícios, ou seja, adiar continuamente o ato de pensar – o qual gera novidades – e simplesmente potencializar ilusões entre o "prometido" para depois (a recompensa de um retorno à terra, à normalidade) e algo que pode se passar aqui e agora entre as pessoas (um encontro, uma possibilidade de existir como outro) e que é fonte de um

5 O imaginário, ou seja, o conjunto das imagens e relações de imagens que constitui o capital pensado do homo sapiens, aparece como a grande denominador fundamental onde se vêm encontrar todas as criações do pensamento humano. Quando se torna representações sociais de determinados capitais pensados, o imaginário conota e denota os veículos maiores de identificações de uma cultura.

prazer muito mais real e intenso do que aquele que o sedutor das plenitudes descreve com suas ilusórias e sedutoras palavras.

Esse ato sedutor que cinde e obnubila percepções é uma das estratégias utilizadas para se obstruir os sentidos, os quais são ligados à memória. Ele cinde por interditar a relação e a memória, pois toda ela é relacional, ou seja, não é formação de uma mera subjetividade, mas constante transitividade entre o sócio-cultural--histórico e o pessoal, tal como nos expôs Stuart Hall (2006) em depoimento sobre sua vida em páginas anteriores.

A memória está no corpo (performances, gestos, oralidade, movimentos, danças, cantos, lembranças traumáticas, etc.). Por ser viva e incapturável, excede o arquivo das seduções, das palavras esvaziadas por sua plenitude de certezas, promessas e garantias. É essa memória corporal – que denuncia as violências psicológicas praticadas por aqueles que se pretendem Narcisos (os que recusam o encontro e a relação, apesar de simularem o contrário) – que deve ser apagada, adormecida, de modo a não clarear para novas linguagens, por serem essas tratadas como loucura:

> Correr la línea, reubicar el punto, tender de lado a lado sobre el campo de la realidad perdida y no recuperada paños subsanatorios, cruzar la línea de lado a lado de la gran boca, puede llevar a mania, a la locura o al arte, o a las tres cosas juntas. El tenía la suerte de ser un artista. Tal vez se unía a nosotros porque la reproducción del vacío era el estado propio del exilio: carencia, desnudez y arropamiento, mutilación y prótesis, sin sonidos. (MERCADO, 1990, p. 109)

Resta, assim, a mudez das convivências. É quando ficamos sós na sombra, no escuro, sem possibilidade alguma de semelhanças. É esse eterno escuro que constitui arquivos, memórias-superfícies esvaziadas de sentidos. Nelas não existem relevos, pontos/contrapontos que possam despontar, germinar algo, mas apenas a retidão de linhas que nunca se tocam por eliminarem os contrários, os quais se constituem nos elementos fundantes de toda sensibilidade que ao tocar limites põem à prova os velhos traumatismos que marcam a existência. Traumatismos esses responsáveis pela mobilidade da consciência e de novas solidariedades.

Essa é a violência que esvazia a experiência: a que retira a tensão dos opostos, que suprime a relação ao não permitir o encontro entre luzes e sombras. Nessa violência só permanece a sombra, ou melhor, os escuros, ex-purgos: vivências de aniquilamento pela recusa da transitividade.

MOVIMENTO QUINTO

A VIOLÊNCIA PSICOLÓGICA

> Não é de dinheiro, nem mesmo de trabalho, mas a restauração da dor. Devolvam-nos nosso sofrimento. Nós necessitamos ter em nossos corações sofrimento, em vez de indiferença. Para o nada vem o nada, mas para o sofrimento poderá vir a cura. É muito melhor a dor que a paralisia. Milhares podem lutar e acabar por se afogarem num barril. Uma descobre um novo mundo. Mas é melhor, dez vezes melhor, morrer na onda procurando este novo mundo do que ficar parada à margem. (SHOWALTER, 1985, p. 65)

Anteriormente, refletiu-se sobre a problemática do Imaginário e do Simbólico.

Simbolizar é não ficar apenas na representação da imagem consentida e legitimada socialmente, mas também conferir significado, o qual desempenha papel importante na interligação das diferentes funções psicológicas e destas com o corpo e a sociedade (VIGOTSKY, 1993).

O significado é o princípio organizador de desenvolvimento da consciência, é inseparável da palavra (embora não idêntico a esta). Como componente da linguagem, concentra em si as riquezas do desenvolvimento social de seu criador – o povo – e, como palavra, vive na comunicação.

Ele reflete que a emoção e o sentimento não são entidades absolutas ou lógicas de nosso psiquismo, mas significados radicados no viver cotidiano, que afetam nosso sistema psicológico pela mediação das intersubjetividades, pelos deslocamentos e articulações – elementos constitutivos dos Estudos Culturais.

Os processos psicológicos, as relações exteriores e o organismo biológico se conectam através das mediações semióticas, configurando motivos, que são estados portadores de um valor emocional estável, desencadeadores da ação e do pensamento. O significado leva o homem a agir, não em resposta a uma estrutura e organização biológica, mas à uma ideia, isto é, um fenômeno intersubjetivo e, portanto, social e histórico, cultural.

Um exemplo disso nos é dado na entrevista que Stuart Hall (2006, p. 390) concedeu a Kuan-Hsing Chen, na qual relata sobre um episódio importante de sua vida:

> Quando fiz dezessete anos, minha irmã teve um colapso nervoso. Ela começou um relacionamento com um estudante de medicina que veio de Barbados para a Jamaica. Ele era de classe média, mas era negro e meus pais não permitiram o namoro. Houve uma tremenda briga em família e ela, na verdade, recuou da situação e entrou em crise. De repente me conscientizei da contradição da cultura colonial, de como a gente sobrevive à experiência da dependência colonial, de classe e cor e de como isso pode destruir você, subjetivamente.

> Estou contando esse fato porque ele foi muito importante para o meu desenvolvimento pessoal. Isso acabou para sempre com a distinção entre o ser público e o ser privado, para mim. Aprendi, em primeiro lugar, que a cultura era algo profundamente subjetivo e pessoal, e ao mesmo tempo, uma estrutura em que a gente vive. Pude ver que todas essas estranhas aspirações e identificações que meus pais haviam projetado sobre nós, seus filhos, destruíram minha irmã. Ela foi a vítima, portadora das ambições contraditórias de meus pais naquela situação colonial. Desde então, nunca pude entender por que as pessoas achavam que essas questões estruturais não estavam ligadas ao psíquico – com emoções, identificações e sentimentos, pois para mim, essas estruturas são coisas que a gente vive. Não quero dizer apenas que elas são pessoais; elas são também institucionais e têm propriedades estruturais reais, elas te derrubam, te destroem.

Assim, pode-se afirmar ser a violência um sofrimento psicossocial e ético-político que abrange as múltiplas afecções do corpo e da alma que mutilam a vida de diferentes formas. Entretanto, cabe aqui um alerta à análise do enfrentamento da violência pela afetividade para não correr o risco de uma definição meramente subjetivista.

Recorrendo a Bader Burihan Sawaia (2004, p. 106):

> Uma das ideias-força deste momento histórico é a subjetividade e seus correlatos, a emoção e o sentimento pessoal. Porém, ao mesmo tempo que se valoriza o afeto e a sensibilidade individual, assiste-se a banalização do mal no outro, a insensibilidade ao sofrimento do outro. O que ocorre é que os sentimentos são valorizados como fonte de satisfação em si mesmos, configurando uma dor e não um sofrimento.
> (...) Vivemos a utopia da sociedade e do corpo perfeito e o enaltecimento das emoções. (...) Falamos livremente de nossa intimidade a desco-

> nhecidos, valorizamos o tocar, a relação íntima, a exposição do corpo e do "eu", mas esse corpo e esse eu são desencarnados, insensíveis ao outro. Sem o perceber, em nome da liberação das emoções e do exercício da sensibilidade, estamos, sutilmente, formatando e despotencializando nosso "conatus" e aceitando velhos argumentos higienistas, morais e racionais, que só modernizaram sua roupagem. Também, com a ênfase no próprio "eu", desencarnado e solitário, estamos nos afastando das questões públicas.

Pela citação anterior, podemos perceber o risco que corremos ao precipitarmos raciocínios simplistas sobre a questão da significação, do simbólico e da subjetividade – como um diferencial na reflexão sobre a violência e a memória-saber –, se realizando fora do contexto relacional e das questões público-culturais.

Dizer de si, do "eu" desencarnado não gera símbolos que retirem as pessoas de um imaginário coletivo que esquece de se lembrar que toda ética, toda felicidade, toda justiça, toda não violência é psicossocial e relacional. Expressando de outro modo, a violência ou não violência não constituem categorias em si, mas "(...) são da mesma substância e formam um par indissociável, que se constitui na própria relação" (SAWAIA, 2004, p. 108).

Seguindo essa linha de raciocínio, o que devemos considerar não é a essência dos conceitos, mas o *movimento* entre eles, o qual adquire sentido quando recheado com a vida pulsante nos diferentes contextos histórico-culturais. Esse é o *conceito-processo* desenvolvido por Souza Santos (1997) e utilizado para desestabilizar conhecimentos e possibilitar a audição de vozes diferenciadas capazes de desorganizar os consensos homogêneos sobre experiências relacionais de passagens, das quais o exílio é uma presentação (e, não, representação) corporificada desse processo.

Na atualidade, mediante a existência de corpos desencarnados e iludidos de presença pelas imagens de um corpo pleno, difundidas pelo consumo, a violência psicológica pode ser repensada e mediada pelo *conceito-processo* através da reflexão da questão do enfraquecimento e ruptura dos vínculos sociais e relacionais.

Pela presença de ambos (enfraquecimento e ruptura dos vínculos afetivos e sociais), acontecem os movimentos-fenômenos da fragilidade e da dependência, os quais se expressam nas vivências de desamparo.

O desamparo é próprio de um vazio simbólico no qual a pessoa não se sabe, não se percebe, não se reconhece nas memórias-arquivo de um imaginário coletivo, por esse, muitas vezes, não sustentar o deslocamento, o movimento dos significados que se faz presente pelos modos relacionais e contextos culturais de uma determinada época, raça, gênero, etnia e classe social. Nesse contexto que transcende as representações socioculturais cristalizadas em sentido único de significações, há muito mais do que ser compreendido por uma linguagem culta e uma racionalidade lógica, ou seja, a pessoa busca existir, ser olhada, encontrada por alguém, por uma relação que paute um vínculo que a resgate de uma não-existência.

Esse não-ser é um dos componentes do trauma, da experiência que fica fragmentada no sujeito por não ter encontrado condições de simbolizações outras e o leva ao constante movimento de uma sentinela-zumbi, ou seja, de uma atenta paralização aflita que monta sentinela com o objetivo permanente de impedir que o fragmento zumbi apareça e assombre-o novamente com o vazio e o sem sentido que desencarna corpos, levando-os ao estranhamento por não transcender o significado único impregnado nas representações socioculturais do que vem a ser um exilado e uma gravidez precoce na adolescência.

Sentir-se desamparado, sem a mediação de um simbólico interrelacional que sustente sentido de existência, é um sofrimento físico-psíquico que não se adquire ou se livra dele em bloco, de forma homogênea. O desamparo é um processo complexo, configurado nas confluências entre pensar, sentir, agir e "(...) as determinações sociais mediadas pela raça, classe, idade e gênero, num movimento dialético entre a morte emocional e a exaltação revolucionária" (SAWAIA, 2004, p. 111).

Exemplificamos aqui com o poema de uma exilada italiana (PADOVANI, 1990, p. 31) que conheceu a presbiopia dos olhos e da alma, ou seja, esse deslocamento entre culturas e entre os significados que buscavam outros contornos e, muitas vezes, se deparavam com exatos contornos:

Um dia acontece:
Os olhos boiam
Sobre aquosa distância
E nenhuma vontade soberana
Pega remo ou leme
Para recolocá-los em foco.
Fico balançando
Derivando indolente
Percorro perfis e superfícies
De embaçadas presenças
Dizem: vista cansada
De velhos, presbiopia

Esperta vista a minha!
Pois quanto mais curto
O caminho que resta
Mais recusa, teimosa
O engano mortal
Dos exatos contornos

O aprisionamento aos exatos contornos impede a ressignificação dos movimentos relacionais que poderiam transformar as passagens, os deslocamentos, em experiência menos traumáticas. Entretanto, nem sempre esse movimento é considerado e realizado.

Nas passagens e exílios, o desamparo ocasionado pelo trauma, o vazio simbólico e a busca por existir, ser visto, encontrado, gerados pelo enfraquecimento inter/entre-relacional e pela ruptura dos vínculos afetivo sociais, levam metaforicamente a pessoa a vivenciar o que na atualidade tem sido designado por Patologias do Vazio e do Desespero. Tais patologias são próprias de pessoas que não puderam, por diversos motivos, se vincularem e serem reconhecidos por laços que criem pertenças e reconhecimentos ético-político-emocionais, e sentem-se perdidas num mundo de não-existência, sem voz e que ainda não nasceram psicologicamente.

Para se resgatarem desse estado de não-integração (fragmentado), que é compulsivamente buscado, torna-se necessário o estabelecimento de uma relação de dependência com outra pessoa, de modo a fortalecer um vínculo que restitua voz e amparo pelo partilhar de um mundo simbólico que possa oferecer mediações e traduções para palavras nascedouras (como um bebê).

Foi essa a dependência buscada pela personagem de Tununa Mercado (1990), quando escreve para a psicoterapeuta suíça, a qual não havia recebido nenhum encaminhamento do terapeuta argentino que a acompanhava antes do exílio.

Foi essa a dependência buscada pela mesma personagem quando da sujeição a diversos tipos de terapias que pudessem dizer para ela sobre si mesma. E foi a interdição a essas dependências, por todas terem fracassado, que a levou a escrita *em estado de memória*.

Creio ser essa a interdição das pessoas que saem do modo hegemônico e institucionalizado das relações de produção e positividade contemporâneas, as quais buscam escrever no corpo e através dele a insustentabilidade de um mundo sociopolítico cultural que não tem gerado perspectivas de desenvolvimentos, de inclusão, de participação, de amparo significativo para ser-se, diferentemente, fora de um imaginário coletivo já cristalizado.

Essa interdição a interdependências e vínculos que restabeleçam o simbólico partilhado da existência, mediada por relações e linguagens que comuniquem semelhanças, preencham o vazio e construam compreensões do vivido (história de Eco e Narciso), tem gerado uma das grandes violências psicológicas da atualidade. Tal violência é intensificada quando

> (...) o social não consegue oferecer possibilidades de convívio das diferenças, instaurando uma busca solitária pelo prazer, sendo que o meu prazer tem que se sobrepor ao seu. O outro se torna o objeto onde usufruirei de meu prazer. É nessa desenfreada procura que a violência corporifica-se. Esta violência tem características efetivamente nazistas, pois é sempre a pretensão de ser melhor que o outro e de funcionar como um predador do corpo do outro para usufruto do seu gozo que delineia a cena imaginária do sujeito. (RUIZ; MATTIOLI, 2004, p. 119)

A partir desse viés do desamparo, da interdição à interdependência, do enfraquecimento e ruptura dos vínculos sociais e do vazio simbólico gerado por essas situações, refletirei sobre as semelhanças das violências processuais no exílio e nas vivências de diversos sujeitos fora das categorias hegemônicas por serem vivências-fenômenos que caracterizam processos de passagens, de contradições, de rupturas vinculares, de estranhamentos, de dores que buscam alívios em outros movimentos que não os representacionais de um social respaldado apenas no dever ser do consumo-produção-positividade. Dever esse que se institui como um dos elementos da violência psicológica gerada pela opressão da palavra dirigida a quem se encontra à margem de algum esperado, de alguma imagem social.

A violência psicológica, constitutiva do trauma, aparece revestida de muitas incertezas, de termos vagos como "qualquer conduta". Conduta de quem, como, em quais situações e contextos? Serão os contextos sociopolítico-culturais considerados como relações de violência, ou essa se restringe às relações representacionais de gênero, onde prepondera a supremacia do domínio masculino sobre o feminino? Terá a lei sobre violência sido gerada para criar e restabelecer vínculos éticos e de cidadania ou ela ainda permanece apenas na denúncia esvaziada de uma violência que se restringe ao micro de uma vida doméstica desvinculada do macro sociopolítico-econômico-cultural?

Encadear palavras e enunciá-las não as transformam em ações que fundem cidadanias e reconstruções de subjetividades. Conferir propriedade às palavras é devolvê-las e revolvê-las, isto é, é conceder-lhes significados a partir de quem fala, de quem vive, "donde se ubica" (SAID, 2003). Sem essa consideração elas se tornam mecanicamente esvaziadas, por não possibilitarem o preenchimento pelas inter-relações entre (o fora-dentro da Dobra) o subjetivo e o político-cultural.

Mediante as reflexões anteriores, podemos perceber que enunciar palavras descritivas sobre a violência psicológica não significa inseri-las como deslocamentos, movimentos, transformações do e no imaginário cultural de nossa época.

O ato jurídico-legal na Lei Maria da Penha, por exemplo, ao incluir a violência psicológica na lei de violência doméstica, foi um grande avanço que não se pode desconsiderar, mas há muito trabalho a ser feito para que ela realmente possa ganhar corpo, e atingir o domínio macronacional através do fazer valer e acontecer de suas consequências, tanto para as relações de gênero, como para as relações políticas brasileiras.

Nos trabalhos de Azevedo e Guerra (2000), lê-se que a violência dita psicológica pode aparecer sobre a forma de *negligência afetiva*, ou seja, um desinteresse pelo outro, e de *rejeição afetiva*, pelo abuso de punições, depreciações e agressividade contra o outro pela palavra.

Algo nesses estudos sobre violência chamam a atenção, ou seja, "(...) a palavra é colocada como um meio importante pela qual a violência psicológica pode ser disseminada, sendo descrita como pressão pela palavra" (AZEVEDO; GUERRA, 2000, p. 138).

Novamente surge a palavra como uma das antinomias do humano. Por ela se cria, por ela se destrói, se reconstrói, se perde e, pela perda, busca-se uma nomeação.

> Os nomes que inventamos são signos de perdas. Por carecermos de contato direto com o circunstante, recorremos à palavra, marca da

perda, precário instrumento de aproximação. As palavras se articulam à distância. As relvas, os mares, os astros, os montes ficam além; além vivem os animais e outros homens. O falante se isola. Foi nisso que Hoelderlin pensou ao observar que de repente as coisas se distanciam tanto? Pois é nesse repente que surge o homem. Esse é o seu espaço, o ser das distancias, o instaurador delas. Isso é tão grave que nem a si mesmo presente o homem não está. Vivendo distante de si, ele para si mesmo é mistério. A palavra, fundadora, ergue caminhos sobre distâncias. Precários caminhos! Fazem-se e se desfazem; construídos, desconstroem-se. Discursos são redes, tecidos, mapas; e se corrompem como todos os sinais que gravamos. Mas, sem eles, poderíamos viver, conviver? (SCHULER, 1994, p. 8)

Sendo a palavra signo de perda, busca de distanciamento para dar contornos e abrir caminhos, como lê-la nos corpos-passagens dos exílios tentando não cometermos uma violência psicológica pelo excesso de uma presença, de uma certeza, de um domínio interpretativo sobre o outro, se nesse movimento que atravessa ele ainda é perda, ainda apresenta-se arritmado, deslocando de um lugar tradicional na tentativa de se desvencilhar dos entraves da língua apenas como conteúdo representacional?

O postulado do pintor Klee diz: "A arte não reproduz o visível, mas torna visível". Nesse sentido, pode-se pensar que a proposta é de rompimento com uma linguagem mimética para se ir ao encontro a uma outra coisa, imprecisa e caleidoscópica, mas que também tem o poder de evocar e de sugerir.

Como escreve Barthes (1989, p. 22):

Que o real não seja representável – mas somente demonstrável – pode ser dito de vários modos: quer o definimos, com Lacan, como o impossível, o que não pode ser atingido e escapa ao discurso, quer se verifique, em termos topológicos que não se pode fazer coincidir uma ordem pluridimensional (o real) e uma ordem unidimensional (a linguagem).

A tradução das imagens em equivalentes verbais, nesse território inatingível apontado por Barthes (1989), ressalta na escrita, no corpo exilado, no corpo passagem e no discurso, os limites das palavras enquanto instrumento da linguagem.

Não seria o trauma, o desamparo, a memória-saber, o vazio e o sem sentido uma denúncia desse limite da palavra enquanto representação da realidade? Não seria essa uma das violências psicológicas cometidas pelo abuso da palavra, por sua opressão quando ela é dita como pura presença e sem a consideração do que ainda não existe, ou seja, sem a contextualização de movimentos relacionais, os quais imprimem significados diferenciados conforme o tempo histórico, a cultura e a construção de subjetividades a partir do simbólico criado e recriado por conceitos-movimentos que buscam se afiliar em outros contextos de significações?

Não seria a violência psicológica a força maior das representações pela palavra de forma literal onde nenhum estranhamento, nenhuma perplexidade, nenhuma invisibilidade ou não dito é considerado? Onde nenhum exílio e passagem é percebido e concebido além dos conceitos praxes de diáspora, incomunicabilidade, estrangeiro, não pertencente, ser marginal merecedor de algum castigo, de uma desencarnação que espolia a pessoa de si lançando-a no vazio dos significados e, consequentemente, nos raciocínios do senso-comum?

Curiosamente, e apesar das cristalizações de imagens de dever ser do coletivo, a representação enquanto a palavra de forma literal, enquanto a completude narcísica da linguagem que imagina tudo dizer, cria um paradoxo que permite (se bem conduzida por outras leituras e recepções) a memória-saber das passagens se resgatar através da memória-arquivo dessa presença absoluta das definições. A desmemoria vivenciada imprime à memória dois gestos, a saber:

> (...) enquanto um dos gestos implica uma retroação, um movimento em direção ao que já não é, outro gesto, simultânea e subliminarmente, com um trabalho silencioso e invisível, se dá. Este, inevitavelmente, caminha em direção ao que ainda não é, a uma instância futura que, no entanto, é presentificada no momento em que se constrói: a representação verbal da linguagem. (CASTELO BRANCO, 1994, p. 24-25).

Partindo dessa compreensão dos gestos da memória pode-se perceber que ela esbarra no limite da própria linguagem, isto é, ao ser incapaz de dizer sobre o indizível, tece com outra engenhosidade a trama das palavras levadas ao paroxismo limite da própria linguagem. É nesse espaço de insuficiência da língua que se torna possível apontar para a intensidade das vivências do exílio, das passagens, dos corpos que buscam compulsivamente significados outros, pois é nesse tempo não capturado pela literalidade da palavra que acontece uma implosão dos sentidos dados. "As palavras deserdam de suas verdades e certezas para se arriscarem na busca de escritas impossíveis: do que não é sensato desejar e se quer – a forma intocável. Pintar sem imagens e escrever sem palavras" (TURRER, 2000, p. 59).

Deserdar de suas verdades e certezas é o movimento relacional das pessoas que anseiam por outras leituras que não apenas as legitimadas e institucionalizadas por certas literaturas, certos preceitos (preconceitos?), certas formas de ser e existir no mundo. São tentativas de "(...) lançar um grito desumano, que é uma maneira de ser escutado" (BUARQUE DE HOLLANDA & GIL, 1973), principalmente quando os contextos relacionais estão cristalizados em formas únicas de concepção do que é um homem.

Nesse viés, é possível sustentar uma afirmativa de que os corpos em passagens têm sido os modos denúncias de culturas que se fecham em sentidos e significados colados às palavras representativas de uma totalitária concepção de homem e mundo, bem como a uma não consideração por buscas de diferenciações nos movimentos sociais de fronteiras. Não se leia, nesse contexto, a fronteira como *borderline*[6], uma definição patológica muito utilizada na atualidade para contornar as vivências de vazio e de não inserção no social.

---

6 De acordo a *Classificação Internacional de Doenças* (*CID-11)*, a personalidade *bordeline* faz parte de uma personalidade instável emocionalmente: "Transtorno de personalidade caracterizado por tendência nítida a agir de modo imprevisível sem consideração pelas consequências; humor imprevisível e caprichoso; tendência a acessos de cólera e uma incapacidade de controlar os comportamentos impulsivos; tendência a adotar um comportamento briguento e a entrar em conflito com os outros, particularmente quando os atos impulsivos são contrariados ou censurados. Dois tipos podem ser distintos: o tipo impulsivo, caracterizado principalmente por uma instabilidade emocional e falta de controle dos impulsos; e o tipo 'borderline', caracterizado além disto por perturbações da autoimagem, do estabelecimento de projetos e das preferências pessoais, por uma sensação crônica de vacuidade, por relações interpessoais intensas e instáveis e por uma tendência a adotar um comportamento autodestrutivo, compreendendo tentativas de suicídio e gestos suicidas". (OMS, 2022)

Como estamos trabalhando com o conceito-movimento, o qual é relacional e, portanto, mutável, em trânsito e não fixo por regras e leis universais, devemos diferenciar os processos psicológicos definidos como patológicos (*borderline*) dos movimentos de passagens e fronteiras como sociais e/ou como alternativas diferenciadas, e até mesmo fragmentadas e babélicas (por que não, se está em via?), de se criar e buscar inserções em outros espaços sociais, que não somente o institucionalizado e hegemônico.

São tentativas de trazer outras formas de subjetividades para o público, para o espaço social já dado pelas representações cansadas relacionadas ao gênero, raça, etnia etc. Formas de tornar público as memórias corporais, o saber-experienciado como relacionadas com o social, como domínio do mundo e não como questões meramente de foro íntimo e moral (subjetividade privada, sem o movimento do dentro-fora).

Nesse movimento entre corpos, conceitos e relações, o qual implode o em si das definições biológicas até então dadas sobre pessoas em situação de exílio, devemos refletir sobre o que ele quer dizer que não está sendo ouvido?

Por exemplo, ao associar as crises e passagens pandêmicas com o exílio, o relevante não são as experiências em si, mas o movimento interrelacional que denunciam por serem experiências e saberes corporais onde acontece uma mistura de papéis sociais e identidades, a qual descarta as verdades absolutas sobre os corpos de passagem e suas performances.

São movimentos instáveis, que oscilam e invaginam privado e público, doença e saúde, estético e ético, por construírem-se em fronteiras fluídas, as quais estão para além de seu valor como fato histórico, econômico e social, ou seja, por serem formas subjetivantes, encenadoras de outros processos identitários onde assumem marcada dimensão política quando colocadas em espaços-tempos de circulação: são vozes ausentes que se tornam presentes, mesmo quando ainda sem nomeação, carecendo de traduções, e, por serem recentes, novas, ainda não têm lugar nas instituições.

Nesses movimentos de intensa contradição de papéis e lugares sociais, de maturidade psicofísico-emocional, a pessoa no exílio se revela pelo avesso das imagens pessoais e sociais que construíram de si ao longo de sua história de vida. Ela passa a ser a própria corporificação do "não lugar", "do que ainda não é", "da androginia", nomenclaturas da alteridade que ainda são concebidas e interpretadas como anomalias, doenças e desvios, quando desvinculadas de seus contextos relacionais à busca de outras filiações e afiliações conceituais e políticas.

Essa é uma tentativa de denunciar e refletir sobre o lugar dos sujeitos na memória-saber dos exílios físicos, psicológicos e políticos, ou seja, não mais representar por essencialidades conceituais, pelo em si do ato, mas agir fora dos modelos preestabelecidos sobre o feminino.

Sair da representação de si, da violência da pressão da palavra literal para a enunciação, a qual por mais ingênua que possa parecer, tem sido um instrumento para as pessoas romperem

> (...) con el rol de hijas intentando su próprio estilo/vida, fuera y en contra del cânon patriarcal, estableciendo así la diferencia (...). Porque, como dicen Deleuze-Guattari (196:46): El problema con el padre no es como volverse libre en relación a él, sino como encontrar un camino donde él no lo encontró. (RAVETTI, 2005, p. 316)

Nesse revelar tumultuado, tenso e extremamente novo das passagens, o que insiste em se expressar para esse social hegemônico já institucionalizado?

Nesse movimento do sem lugar – frente à normalidade dos comportamentos e identidades já estabelecidas – não existiria uma linguagem que ainda não compreendemos e que preferimos denominar por velhos termos diante da ameaça que sentimos de nos desconhecermos em nossos lugares e saberes já tão demarcados?

Não seriam as passagens uma crítica política e social ao que ainda reina soberano sobre corpos e subjetividades, ou seja, o *corpus* do pai ou, por que não, o literal abandono dele ao negar as relações de reciprocidade, de semelhança, por lê-las como falta de respeito e moral às normas vigentes que encenam as representações sociais do que vem a ser um homem e uma mulher?

As transformações psicológicas que ocorrem nesses momentos de misturas e transgressões sociopolítico-afetivas são novas formas de inserções sociais pedindo passagem e reconhecimento, ainda que de modos exacerbados e radicais, frente ao hegemônico modelo patriarcal que impede afiliações não apenas de conceitos, mas de subjetividades que anseiam por se fazerem ouvir.

Os movimentos dos exageros, das transgressões e misturas é próprio das fronteiras e dos corpos de passagens, pois as pessoas sentem com outros sentidos que não os habituais, pensam com outros parâmetros por estarem em estados alterados de consciência, agem com a visceralidade corporal que assalta e desconcerta uma certa racionalidade habitual de conformidade e normalidade.

CONCLUSÃO

Penso serem essas experiências, explicitadas e refletidas a partir deste texto, fundamentalmente constitutivas de outras problematizações, as quais e para as quais nenhum de nós, e nenhum currículo acadêmico, institucional e político se encontra com arcabouço teórico que contorne esse "algo" que continua escapando à compreensão de nossa racionalidade ocidental hegemônica: a abertura que uma crise coloca para se repensar o Ser e seus sentidos.

Pessoas em situações de exílio e passagem, bem como as que mais se impactaram com o isolamento na pandemia, não estão apenas nessas posições como vítimas, mas como subjetividades que, ao mesmo tempo, denunciam e tentam compreender as questões espinhosas com as quais se defronta a humanidade: uma miséria humana agonizante que está pedindo novos sentidos de ser.

Como já enunciado, uma das agonias é a morte de uma massificação uniformizada para tempos em que as fragmentações e descontinuidades não podem mais ser percebidas e tratadas meramente como doenças, desajustes e loucuras, mas como novos processos sociopolíticos culturais, afetivos e espirituais que apesar de serem germens de novas críticas, ainda vão se fazer ouvir como alteridades. E, por serem passagens, ainda vão oscilar entre o institucionalizado e o que ainda não tem nome.

Para compreendermos e lidarmos com processos de passagens, necessitamos desenvolver sutilezas, pois o "(...) gesto sutil é potente justamente porque sua força não se explicita de uma só vez, como se tratasse do último ou do melhor gesto" (SANT'ANNA, 2001, p. 124).

Sutilezas nascem desses movimentos que não se esgotam em si mesmos, mas são nascedouros para críticas sociais, econômicas, psíquico-espirituais e políticas de um tempo histórico em que, ele próprio, oscila entre fronteiras, como uma espécie de basculante entre o encerramento e a abertura, entre o marco que define e delimita e a janela ou porta que possibilita a comunicação.

Uma das sutilezas que julgo procedente e possibilitadora de mudanças na forma de construir outras compreensões sobre as subjetividades em passagens é a transformação dos currículos acadêmicos dos cursos das áreas humanas e biológicas.

Por exemplo, no curso de Psicologia estudamos as grandes teorias, que em épocas anteriores serviram ao propósito de contornar e compreender os problemas de ajustamentos de personalidade em um pós-guerra. Tais teorias foram de grande valia para tentarmos delinear sentidos e significados de um mundo moderno, o qual passava por grandes transformações sociais.

Entretanto, na contemporaneidade, tais teorias não mais oferecem suporte para as experiências e vivências dos sujeitos na contemporaneidade. Não podemos mais estudar as psicopatologias com o olhar de tempos atrás e ficar tentando enquadrar os sujeitos em sintomas que irão meramente definir diagnósticos.

Em atendimento clínico, por exemplo, a uma pessoa que estava passando por um momento de adaptação em um país estrangeiro, no qual existe um preconceito para com mulheres brasileiras, ou seja, existe uma justaposição entre ser brasileira e servir à prostituição, a dor maior de sua passagem e adaptação foi enquadrada em um diagnóstico de Síndrome do Pânico. A partir desse diagnóstico, a conduta primeira foi a indicação de um psiquiatra para um tratamento medicamentoso com antidepressivos e ansiolíticos, os quais são necessários como suporte para lidar com a falta de suporte externo que essas pessoas vivem. Entretanto, apenas o medicamento não sustenta as dores e desamparos e, deste modo, eles têm apenas a função de retirar os incômodos gerados por vivências que quando enunciadas não encontravam ressonâncias na cultura local.

As falas dessa pessoa passaram a ser ouvidas como desajustamento, frescura, loucura, pois as pessoas locais, tão inseridas nos usos e costumes da região, não conseguiam perceber, ter a sutileza de desenquadrar hábitos de raciocínios, para ler-ouvir sobre outros parâmetros as denúncias e violências que estavam sendo realizadas sobre um preconceito.

O mesmo acontece com nossos cursos acadêmicos, pois não aprendemos a considerar o sujeito da experiência que nos chega às clínicas, postos de saúde, consultórios, assistências sociais, palestras, atendimentos em comunidades. Ansiamos ouvir o sujeito através da teoria aprendida e acolhemos a partir de vícios de contornos, os quais nos garantem segurança e um enorme distanciamento entre humanidades. Assim, não nos desacomodamos de nossos hábitos, não repensamos nossa parcela de responsabilidade para a restauração da criação desse vínculo sociopolítico-afetivo.

Curiosamente, as áreas de humanas e da saúde, bem como as assistenciais, não se colocam a responsabilidade política de criar e conceder sustentabilidade a cidadanias. A primazia do saber e a instrumentalidade da palavra aprendida pelas teorias suplanta a necessidade de nos identificarmos com outras humanidades que revolvem a certeza e garantia de sermos "os profissionais que sabem quem é o outro e do que ele precisa". Isso ainda acontece em nome de uma ética que exige a neutralidade, o distanciamento afetivo do outro para que você possa ajudá-lo e ser considerado um ótimo profissional.

Tal comportamento, presente tanto na Academia como em ONGs e Instituições Governamentais, constitui essa palavra que oprime, que é anunciada em forma de diagnósticos fechados, de teorias que sabem o que é melhor para o outro, e que se torna uma violência psicológica institucionalizada e, portanto, não questionada por ser em nome de um bem social.

Nesse sentido, imagino ser necessário e imprescindível a transformação de nossos currículos acadêmicos, para uma ligação maior das instituições e teorias com as realidades contemporâneas, para que dessa forma possamos incluir a vida e suas diversidades como o tecido maior de nossas pesquisas e objetivos profissionais, e não excluir essa mesma vida e suas diversidades por nossas teorias falocêntricas, elitistas, patológicas e não políticas. Essa postura pouco inserida no mundo vivido das pessoas leva nossos currículos a, muitas vezes, criarem e a manterem a violência psicológica.

Concluindo, a violência psicológica tão presente nas crises e passagens somente poderá ser repensada e trabalhada, sair do papel para se tornar viva, quando perdermos o medo das sutilezas, o medo de partilhar o sensível e significar pela palavra nova cuja grandeza é onde ela ainda não tocou.

A meu ver, essa é a grande contribuição da dialogia dos Estudos Culturais com a Perspectiva Fenomenológica Existencial, a saber, os deslocamentos, as ressignificações e sentidos constantemente reconstruídos pela consideração do descentrado na cultura e a necessidade da Inter/transdisciplinaridade para uma ampliação e melhor articulação de nossas percepções, afiliações e pertencimentos.

REFERÊNCIAS

ARAÚJO, M. F.; & MATTIOLI, O. C. (Orgs.). *Gênero e violência*. São Paulo: Arte e Ciência, 2004.

AZEVEDO, M. A.; GUERRA, V. N. A. *Crianças vitimizadas*: a síndrome do pequeno poder. 2. ed. São Paulo: Iglu, 2000.

BARTHES, R. *Aula*. São Paulo: Cultrix, 1989.

BHABHA, H. K. *O local da cultura*. Tradução de Myriam Ávila, Eliana Lourenço e Gláucia Renate. Belo Horizonte: Editora UFMG, 1998.

BOFF, L. *Crise*: oportunidade de crescimento. Petrópolis, RJ: Editora Vozes, 2011.

BUARQUE DE HOLLANDA, F.; & GIL. G. *Cálice*. Phonogram, 1973.

CASTELO BRANCO, L. A *traição de Penélope*. São Paulo: Annablume, 1994.

CHAUÍ, M. *Entrevista a Jornalistas Livres, 5 de abril 2020*. Disponível em: <https://jornalistaslivres.org/quem-sabe-faz-a-hora/>. Acesso em: 01 set. 2022.

DA MATTA, R. Individualidade e liminaridade: considerações sobre os ritos de passagem e a modernidade. *Mana*, v. 6, n. 1, p. 7-29, 2000.

DAVIDOFF, L. A percepção. In: *Introdução à Psicologia*. São Paulo: MacGraw Hil, 1983.

DESCAMPS, M.-A. O movimento Transpessoal. In: DESCAMPS, M.-A.; ALFILLÉ, L.; & NICOLESCU, B. *O que é o Transpessoal?* Lisboa: Editora Temática, 1997.

DROUOT, P. *Nós somos todos imortais*. 4. ed. Rio de Janeiro: Record, 1996.

GOMES, P. B. *O método terapêutico de Scheerazade*. São Paulo: Iluminuras, 2000.

HALL, S. Da diáspora. identidades e mediações culturais. SOVIK, L. (Org.). *Para Allon White*: metáforas da transformação. Belo Horizonte: Ed. UFMG, 2006.

HAN, B. C. *Favor fechar os olhos*: em busca de um outro tempo. SP: Vozes, 2021.

HERÁCLITO. *Coleção Os Pensadores*: os Pré-Socráticos. Tradução de José Cavalcante de Souzal. 4 ed. São Paulo: Nova Cultural, 1989.

JARA, S. Más allá del género: una escritura que socava sus condiciones de posibilidad. In: PIÑA, C. (Org.). *Mujeres que escriben sobre mujeres (que escriben)*. Argentina: Biblos,1997.

KONDER, L. A *poesia de Brecht e a história*. Rio de Janeiro: Ed. Jorge Zahar, 1996.

KRIPPNER, S. Estados alterados de consciência. In: WHITE, J. (Org.). *O mais elevado estado de consciência*. São Paulo: Cultrix/ Pensamento, 1993.

LANGLE, A. La búsqueda de Sostén: análisis existencial de la angustia. *Revista chilena de Psicología Clínica*, v. 24, n. 2, 2005.

MAGNABOSCO, M. M. A *palavra testemunhal em Carolina Maria de Jesus*: reconstruindo imaginários femininos. Belo Horizonte: Editora Dialética, 2021.

MANTERO, Vera. A *queda de um Ego*. 1997. Disponível em: <https://www.orumodofumo.com/pt/em-circulacao/pecas/a-queda-de-um-ego-de_48>. Acesso em: 01 set. 2022.

MERCADO, T. *En estado de memória*. Buenos Aires: Ada Korn Editora S.A, 1990.

MERLEAU-PONTY, M. *Fenomenologia da percepção*. 3. ed. São Paulo: Martins Fontes, 2006.

ORGANIZAÇÃO MUNDIAL DA SAÚDE (OMS). *Classificação Internacional de Doenças* (*CID*-11). 2022. Disponível em: <https://www.who.int/classifications/icd/en/>. Acesso em: 01 set. 2022.

PADOVANI, N. *Cadernos de poesia*. Belo Horizonte: Oficina Literária Informatizada, 1990.

PELBART, P. P. *A vertigem por um fio*: políticas da subjetividade contemporânea. São Paulo: Ed. Iluminuras, 2000.

PINAULT, D. *Story-Telling Techniques in the Arabian Nights*. Leiden: E.J. Brill, 1992.

POMPÉIA, J. A. *Os dois nascimentos do homem*. Rio de Janeiro: Via Veritas, 2011.

RAVETTI, G. Estrategias performativas en la construcción del género: mujeres escritoras contemporáneas en el Cono Sur de América. In: GUARDIA, S. B. (Org.). *Escritura de la Historia de las Mujeres en América Latina El retorno de las Diosas*. Centro de Estudios La Mujer en la Historia de América Latina CEMHAL, 2005. Disponível em: <https://docero.mx/doc/guardia-sara-beatriz-escritura-de-la-historia-de-las-mujeres-en-america-latina-16de473n3k>. Acesso em: 01 set. 2022.

ROSA, J. G. *Grande Sertão*: Veredas. Rio de Janeiro: Nova Fronteira, 1985.

RUIZ, J.; & MATTIOLI, O. Violência psicológica e violência doméstica. In: SAID, E. *Reflexões sobre o exílio e outros ensaios*. São Paulo: Cia das Letras, 2003.

SAID, E. *Reflexões sobre o exílio e outros ensaios*. São Paulo: Cia das Letras, 2003.

SANT´ANNA, D. *Corpos de passagem*: ensaios sobre a subjetividade contemporânea. São Paulo: Estação Liberdade, 2001.

SAWAIA, B. B. O sofrimento ético-político como categoria de análise da dialética exclusão/inclusão. In: *As artimanhas da exclusão*. Petrópolis: Vozes, 2004.

SCHULER, D. *Narciso errante*. Petrópolis, RJ: Vozes, 1994.

SHOWALTER, E. *Femme Malady*. Londres. Penguin, 1985.

SIMÕES, M. Estados alterados de consciência e fenômenos parapsicológicos. In: *Aquém e Além do Cérebro – Actas do 1º* Simpósio da Fundação Bial (pp. 107-125). Porto: Fundação Bial, 1997.

SOUZA SANTOS, B. A queda do Ângelus Novus: para além da equação moderna entre raízes e opções. *Novos Estudos*, CEBRAP, São Paulo, 1997.

TART, C. Fundamentos científicos para o estudo de estados alterados da consciência. In: WEIL, P.; SUTICH, A.; TART, C.; GOLEMAN, D.; & LESHAN, L. *Mística e ciência*. 2. ed. Petrópolis, RJ: Vozes, 1991.

TAYLOR, D. El espectaculo de la memória: trauma, performance y política In: RAVETTI, G. (Org.) *Performance*. Belo Horizonte: UFMG, 2003.

TODOROV, T. Narrative men. In: *The Poetics of Prose*. Tradução de Richard Howard. Ithaca, Cornell University Press, 1977.

TURRER, D. Maculaturas: traços da escrita da desmemoria em A falta. In: MENDES, B. (Org.) *Memórias do presente*: ensaios de literatura contemporânea. Belo Horizonte: FALE/UFMG, 2000.

VARELA, F. J.; & SHEAR, J. First person account: why, what and how. In: VARELA, F. J.; & SHEAR, J. (Orgs.). *The View from Within. First-person Approaches to the Study of Consciousness*. Thorverton: Imprint Academic, 1999.

VIGOTSKY, L. Pensamiento e Linguagen. In: *Obras Escogidas*. Vol. II. Visor Distribuicion S.A. Madrid, 1993

VOLPE, M. O jogo da memória e do esquecimento nas geografias do exílio. A *Contra Corriente*, v. 3, n. 2, 2006.

Construindo ideias
e conectando mentes

Este livro foi composto com as tipografias Electra Std,
Exotc350 Bd BT, e Manrope, em março de 2023.